STARK

ABI ab 2022

Auf einen Blick

Deutsch

Hessen

STARK

Bildnachweis
S. 28: United Archives GmbH/Alamy Stock Foto
S. 30: Van Vechten, Carl, 1880-1964: Porträt von Thomas Mann, LC-USZ62-42522
S. 44: Caspar David Friedrich, Wanderer über dem Nebelmeer, https://commons.wikimedia.org/wiki/File:Ueber-die-sammlung-19-jahrhundert-caspar-david-friedrich-wanderer-ueber-dem-nebelmeer.jpg
S. 50: Edvard Munch 1895, Lithographie, Der Schrei; Welcome Library cc-by-sa 4.0

www.stark-verlag.de

Inhalt

Inhalt

Was erwartet mich?

Die **Prüfungslektüren des Deutschabiturs in Hessen ab 2022** sind breit gestreut und reichen von Goethes *Faust I* über Hoffmanns *Der Sandmann* und Büchners *Woyzeck* bis hin zu Zehs *Corpus Delicti* (**GK und LK**). Für den **LK** ist außerdem Manns *Mario und der Zauberer* vorgegeben. Und sowohl für den GK als auch für den LK sind die Themen *Lyrik der Romantik und Lyrik des Expressionismus* relevant. Bei diesen ganz unterschiedlichen Themen ist es nicht immer leicht, den Überblick zu behalten. Ihnen dabei zu helfen, ist das Hauptanliegen des vorliegenden Büchleins.

- Jede Doppelseite beginnt mit einem **Schaubild**, das ein schnelles Erfassen des Themas ermöglicht und seine zentralen Merkmale veranschaulicht. Durch die grafische Gestaltung werden Zusammenhänge auf einen Blick deutlich und sind leichter zu behalten.
- Das **Kästchen** neben den Grafiken vermittelt wissenswerte, interessante oder kuriose Zusatzinformationen zum Thema. Diese gehören sicher nicht zum Standardwissen, können aber dabei helfen, sich die abiturrelevanten Inhalte besser einzuprägen.
- Zu den literarischen Werken ***Faust I, Der Sandmann, Woyzeck*** und ***Mario und der Zauberer*** ist zunächst eine Doppelseite mit der **Biografie** der Autoren abgedruckt. Diese vermittelt Wissenswertes zu Kindheit, Studienzeit und Arbeitsleben des Autors und gibt Einblicke in dessen private und berufliche Welt.
- Im Kapitel zu ***Corpus Delicti*** befindet sich eine **Kurzbiografie der Gegenwartsautorin Juli Zeh** auf der Doppelseite zum Inhalt des Romans.
- Die Doppelseiten zum **Inhalt** fassen die Handlung der Werke prägnant zusammen. Es folgt eine strukturierte Übersicht zu **Aufbau und Form** sowie zu einzelnen **Deutungsansätzen**.
- Das Kapitel zu Büchners ***Woyzeck*** enthält am Ende zusätzlich eine Doppelseite zur **Verfilmung des Dramas durch Werner Herzog** aus dem Jahr 1979: Neben Informationen zur Entstehung des Films finden sich hier eine prägnante **Filmanalyse** und ein **aspektorientierter Vergleich** zwischen der Buchvorlage und der Verfilmung.
- Die Kapitel zur ***Lyrik der Romantik*** und zur ***Lyrik des Expressionismus*** gliedern sich folgendermaßen: Zentrale Themen, Form und Sprache, Kurzbiografien: zentrale Autoren.
- Im abschließenden Kapitel **Allgemeines** fasst eine **Mini-Literaturgeschichte** die zentralen Epochen vom Barock bis zur Gegenwart knapp zusammen. Außerdem stellt eine Doppelseite die wichtigsten Merkmale der für das Abitur relevanten **Textsorten** dar. Eine **Stilmittel-Übersicht** mit gut zu merkenden Beispielen rundet das Grundwissenskapitel ab.

Der STARK Verlag wünscht Ihnen mit dem Buch viel Freude und für das Abitur viel Erfolg!

Das vorliegende Buch bezieht sich bei Seitenangaben auf die folgenden Textausgaben:
E.T.A. Hoffmann: Der Sandmann. Durchges., bibliograf. erg. Aufl. Stuttgart: Reclam 2004.
Juli Zeh: Corpus Delicti, Ein Prozess. München: btb Verlag 2010.

Auf einen Blick

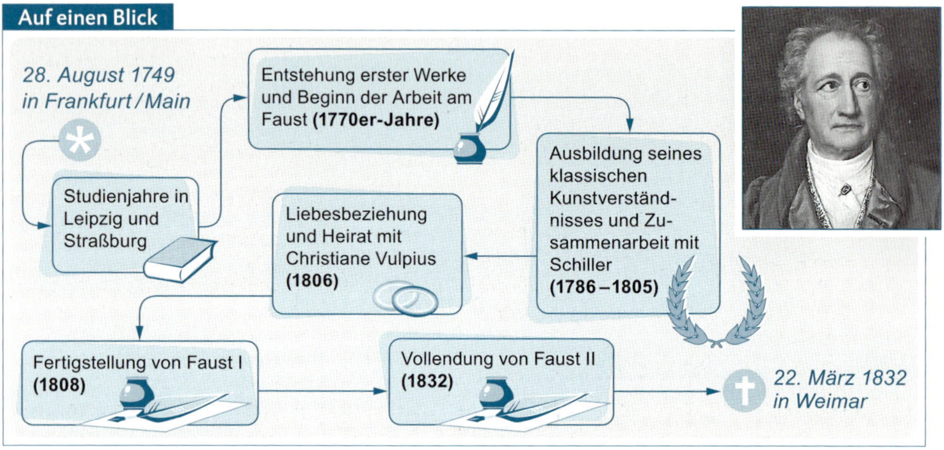

Kindheit (1749–1765)

- Geburt am 28. August 1749 in Frankfurt/Main
- **Vater:** Johann Caspar – kaiserlicher Rat, gebildet, streng; **Mutter:** Catharina Elisabeth – lebensfroh und liebevoll; enge Beziehung zu jüngerer **Schwester** Cornelia
- wohlbehütete Kindheit und **vielseitige Ausbildung** in allen Bereichen der Künste und Wissenschaften, in mehreren Sprachen (Griechisch, Latein, Hebräisch, Französisch, Englisch und Italienisch) sowie Instrumenten (Klavier und Cello)

Studienzeit (1765–1771)

Leipziger Studienjahre (1765–1768)

- halbherzig, auf Wunsch des Vaters betriebenes **Jura-Studium**
- rege Teilnahme am studentischen Leben (u. a. Besuche in „Auerbachs Keller")
- Beschäftigung mit Theologie, Naturwissenschaft, Theaterbesuchen, Kupferstechen und Zeichnen
- **Romanze** mit Käthchen Schönkopf → 1765: Schäferspiel *Die Laune des Verliebten*
- Entstehung erster Gedichte

Frankfurter Intermezzo (1768–1770)

- wegen schwerer **Krankheit** (Blutsturz, wahrscheinlich Tuberkulose mit Lungenaffektion) Rückkehr nach Frankfurt (Gesundung 1769)
- Orientierungslosigkeit und Suche nach Lebenssinn

Straßburg (1770–1771)

- Fortsetzung und Abschluss seines Studiums
- Erwerb des Grads eines Lizentiaten (wie Doktortitel): u. a. Behandlung der Frage, ob Kindsmörderinnen mit dem Tod bestraft werden sollten → Anregungen für Gretchentragödie
- Beginn der lebenslangen **Freundschaft** mit dem fünf Jahre älteren Johann Gottfried **Herder**, der großen **Einfluss auf sein Kunstverständnis** hat
- Liebe zu Friederike Brion → **Sesenheimer Lieder**, u. a. *Mailied*, *Willkommen und Abschied*

Arbeitsleben in Frankfurt (1771–1775)

- Führen einiger weniger Prozesse als Rechtsanwalt, ansonsten **vermehrte Hinwendung zur Dichtung** → Entstehung des Dramas *Götz von Berlichingen*, dessen Protagonist **zur Identifikationsfigur der Sturm-und-Drang-Generation** wird → Bekanntwerden Goethes
- Verfassen einer kunsttheoretischen Schrift zum Sturm und Drang (*Rede zum Schäkespears Tag*)
- erste Arbeiten am Faust-Thema
- Kennenlernen von Charlotte Buff und ihrem Verlobten → Trübung des Verhältnisses durch Goethes Annäherungsversuche an Charlotte (biografischer Anlass für den **Briefroman *Die Leiden des jungen Werther***, der 1774 erscheint)
- 1775: **Verlobung** mit Lili Schönemann, aber Lösen der Verbindung durch Goethe, der **Angst vor Einengung** hat → Schauspiel *Stella*

Weimarer Zeit (1775–1832)

- November 1775: Ankunft am Hof von **Weimar** auf Einladung des Erbprinzen Carl August, der Goethe in den **Staatsdienst** einstellt, wo er in den folgenden Jahren **zahlreiche Ämter** übernimmt
- **platonische Liebesbeziehung mit Charlotte von Stein** (1742–1827), durch die er sich literarisch weiterentwickelt → Übergang zu klassischen Idealen
- 1782: Erhebung in den **Adelsstand**
- trotz literarischer Veranstaltungen am „Musenhof" der Herzoginmutter und Kontakten zu Wieland und Herder viele berufliche Verpflichtungen
- 1786–1788: **„Flucht" nach Italien**, wo Goethe sein klassisches Kunstverständnis ausbildet → Umgestaltung des Dramas *Iphigenie* in Versform
- bei Rückkehr nach Weimar Übernahme des Postens eines „Kulturministers" und **Leitung des Weimarer Hoftheaters**
- Beginn des Verhältnisses mit **Christiane Vulpius** (1765–1816) und **Geburt des Sohnes** August (1789)
- 1794: Beginn der Freundschaft mit Schiller und produktive Zusammenarbeit, z. B. im Balladenjahr 1797, bis zu Schillers Tod 1805 (Epoche der Weimarer Klassik)
- 1806: Abschluss von ***Faust I*** und **Hochzeit** mit Christiane Vulpius
- 1825–1831: Vollendung von ***Faust II*** kurz vor seinem Tod am 22. März 1832 (Herzversagen)

Werkauswahl

- Geschichtsdrama ***Götz von Berlichingen*** (1771): Scheitern des Titelhelden, der für Werte wie Freiheit und Aufrichtigkeit steht, im Kampf gegen Machtpolitik und Intrigen seiner Gegner
- Briefroman ***Die Leiden des jungen Werther*** (1774): Verabsolutierung des Gefühls der Liebe durch den Titelhelden, die sich nicht mit gesellschaftlichen Normen vereinbaren lässt → Selbstmord
- Ideendrama ***Iphigenie auf Tauris*** (1779 Prosafassung/1787 Versform): Sieg der Menschlichkeit über Rache und Grausamkeit
- Bildungsroman ***Wilhelm Meister*** (ab 1795/1796): Bildung eines Bürgers als Reifungsprozess
- Autobiografie ***Aus meinem Leben. Dichtung und Wahrheit*** (Band I 1811/1833 vollständige Ausgabe): literarisierte Beschreibung von Goethes Erlebnissen der Jahre 1749 bis 1775

Auf einen Blick

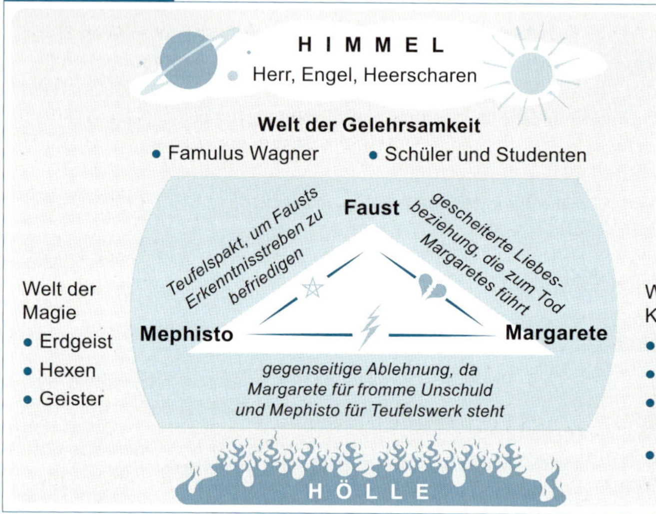

Goethes Drama war nicht immer bei jedermann beliebt. So äußerte 1858 der Literaturkritiker Wolfgang Menzel: „Wenn Faust dafür, dass er Gretchen verführte und verließ, den Himmel verdient, so verdient jedes Schwein, das sich in einem Blumenbeet wälzt, der Gärtner zu sein.

Vorspann

- **Zueignung:** Erinnerungen eines Dichters an vergangene Zeiten und Ideen, die ihn mit neuer Schaffenskraft erfüllen
- **Vorspiel auf dem Theater:** Diskussion darüber, was ein Theaterstück ausmacht:
  - – Direktor: ausverkaufte Vorstellungen und volle Kasse → Angebote für jeden Geschmack
  - – Dichter: Kunst im Zentrum, für die er Zeit und Muße braucht
  - – Lustige Person (Schauspieler): Hinwendung zum vollen Menschenleben
- **Prolog im Himmel:** Disput zwischen Gott und Mephisto über den Menschen → Wette mit Fausts Seelenheil als Einsatz: Mephisto will an Faust Verführbarkeit des Menschen zeigen

Gelehrtentragödie

- **Nacht:** Monolog des Gelehrten Faust über seine **Verzweiflung**, trotz seiner Studien und des Einsatzes von Magie nicht zu wahrer Erkenntnis gelangen zu können → Heraufbeschwören des **Erdgeists**, der Faust verspottet, weil er ihm nicht standhalten kann → **Selbstmord** als Lösung, von dem ihn österliches Glockengeläut und Chorgesang der Engel abhalten
- **Vor dem Tor:** Osterspaziergang von Faust und dem Famulus Wagner, auf dem Faust sich seiner **inneren Zerrissenheit** zwischen sinnlichen und übersinnlichen Genüssen bewusst wird
- **Studierzimmer I:** erste Begegnung von Faust mit Mephisto und Erwägung eines Teufelspakts
- **Studierzimmer II:** Abschluss des **Pakts zwischen Faust und Mephisto:** Wenn Mephisto Fausts rastloses Streben befriedigen kann und Faust im Augenblick verweilen will, verliert der Doktor sein Seelenheil an den Teufel. → Aufbruch zur Erkundung der Welt
- **Auerbachs Keller in Leipzig:** Reise in die Welt der Sinnenfreuden
- **Hexenküche:** Besuch in Mephistos Welt mit Magie und Hexerei → **Verjüngung** Fausts, der Idealbild einer Frau im Spiegel erblickt = Vorbereitung der Gretchenhandlung

Gretchentragödie

- **Straße I:** erste Begegnung von **Faust und Margarete**, bei der Faust ihr sein Geleit anbietet, das sie als unschicklich ablehnt → Aufforderung Fausts an Mephisto, ihn mit Margarete zu verkuppeln
- **Abend:** Eindringen von Faust und Mephisto in Margaretes Zimmer, wo Faust von Verliebtheitsgefühlen (aber auch von schlechtem Gewissen wegen Margaretes Unschuld) überwältigt wird → Zurücklassen eines Schmuckkästchens als Geschenk für Margarete, das diese bei ihrer Rückkehr verzückt entdeckt
- **Spaziergang:** Ärger Mephistos über Margaretes Umgang mit dem Schmuck, den ihre Mutter dem Pfarrer aushändigte
- **Der Nachbarin Haus:** Klagen Marthes über ihr Strohwitwendasein; Margarete präsentiert ihr neues Schmuckgeschenk und Mephisto arrangiert ein Treffen zwischen Faust und Margarete
- **Straße II:** Entlarvung von Fausts Scheinheiligkeit durch Mephisto
- **Garten:** Parallelunterhaltungen von Faust und Margarete sowie Mephisto und Marthe
  - Margaretes Erzählungen von ihrer Kindheit und **Befragung des „Blumenorakels"**, das ihr Fausts Liebe bestätigt
  - Versuche Marthes, Mephisto zu einer festen Bindung zu überreden
- **Ein Gartenhäuschen:** Austausch von ersten **Zärtlichkeiten** zwischen Faust und Margarete
- **Wald und Höhle:** Hinwendung Fausts an den Erdgeist und Beschreibung seiner Freude angesichts des Erlebten, dann aber Klagen über Zerstörung seiner inneren Ruhe; Auftauchen Mephistos, der Faust zur Entscheidung anstachelt, Margarete zu verführen
- **Gretchens Stube:** Gesang Margaretes, der ihre Sehnsucht nach Faust offenbart
- **Marthens Garten:** Religionsgespräch von Faust und Margarete, in dem Margarete ihre Zweifel hinsichtlich Mephisto äußert, auf die Faust ausweichend reagiert → Planung einer Liebesnacht
- **Am Brunnen:** Gespräch über Bärbelchen, die nach Liebschaft unverheiratet schwanger ist → Deutlichwerden von **gesellschaftlichen Zwängen und Sanktionen**, die Margarete drohen
- **Zwinger:** Gebet Margaretes, in dem sie Muttergottes um Hilfe bittet
- **Nacht:** Kampf zwischen Faust und Margaretes Bruder Valentin; der tödlich verwundete Valentin wirft seiner Schwester ihren unmoralischen Lebenswandel vor
- **Dom:** Konfrontation Margaretes mit all ihren Sünden – Vergiftung der Mutter durch Schlaftrank, Tod ihres Bruders durch Kampf mit Faust, uneheliche Schwangerschaft
- **Walpurgisnacht:** Versuch Mephistos, Faust durch wildes Treiben auf dem Blocksberg von Margarete abzubringen → Vision Fausts von Margaretes schrecklichem Schicksal
- **Walpurgisnachtstraum:** Theateraufführung auf dem Blocksberg, die Faust von seiner Erschütterung ablenken soll
- **Trüber Tag. Feld:** Drängen Fausts auf Rettung Margaretes, der wegen Kindstötung die Hinrichtung droht
- **Nacht, offen Feld:** Weg von Faust und Mephisto zum Kerker
- **Kerker:** Versuch, Margarete zu retten, die sich aber weigert, Faust und Mephisto zu folgen, weil sie erkennt, dass Faust sie nicht wirklich liebt und mit dem Teufel im Bunde steht → Verkündung von **Margaretes Rettung** durch göttliche Stimme von oben

Zitat

„Werd ich zum Augenblicke sagen: / Verweile doch! du bist so schön! / Dann magst du mich in Fesseln schlagen, / Dann will ich gern zugrunde gehen!" (Pakt von Faust mit Mephisto, V. 1699 ff.)

Auf einen Blick

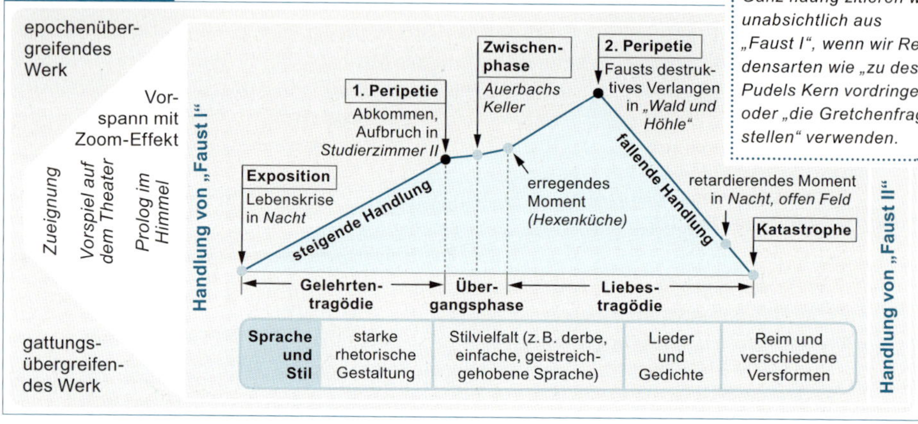

Ganz häufig zitieren wir unabsichtlich aus „Faust I", wenn wir Redensarten wie „zu des Pudels Kern vordringen" oder „die Gretchenfrage stellen" verwenden.

Schachtelstruktur des gesamten Dramas

- dreiteiliger **Vorspann mit Zoom-Effekt:**
  - Kerngeschehen der irdischen Faust-Handlung rückt schrittweise näher
  - *Prolog im Himmel* als Auftakt zur metaphysischen **Rahmenhandlung**, die sich in höherer Sphäre abspielt → Spannung: Wird sich Faust als guter Mensch erweisen?
  - **Motto** über Gesamtwerk: „Wer immer strebend sich bemüht, den können wir erlösen." (*Faust II*) → Gott als Weltenherrscher hält im Hintergrund die Fäden zusammen
- **Binnenhandlung:**
  - **Der Tragödie erster Teil** (*Faust I*) mit Gelehrtentragödie, Übergangsphase (*Auerbachs Keller, Hexenküche*) und Gretchentragödie; Teilabschluss der Rahmenhandlung in der Kerkerszene
  - **Der Tragödie zweiter Teil** (*Faust II*) mit Ende der Binnenhandlung
- Komplettabschluss der Rahmenhandlung mit Fausts Erlösung und Wiedervereinigung von Faust und Margarete im Himmel (*Faust II*)

Form

- keine Unterteilung in Akte, nur in **Szenen** → Herstellung von Kohärenz durch:
  - **linearen, klaren Aufbau** mit kausal verknüpften Szenen, von denen nur wenige Szenen(teile) entbehrlich sind, z. B. Mephistos Studienberatung oder der Walpurgisnachtstraum
  - **Vorausdeutungen**, z. B. Gesang der Bauern „Wie mancher hat nicht seine Braut / Belogen und betrogen!" (V. 974 f.)
  - **Spiegelungen und Kontraste**, z. B. Fausts Gefühl des Gefangenseins in seiner Gelehrtenexistenz / Margaretes Gefangensein im Kerker
  - antithetisch gestaltete **Leitmotive**, z. B. Wort und Tat, Wissbegierde und Wissenschaftskritik
- keine durchgehende Konsequenz in Bezug auf die drei Einheiten eines Dramas nach Aristoteles:
  - **keine Einheit des Ortes** wegen häufig wechselnder Schauplätze
  - **Einheit der Zeit nur zu Beginn** in Studierzimmerszenen, später Beschleunigung und Raffung, z. B. Zeit zwischen erster Liebesnacht von Faust und Margarete und Margaretes Haft
  - Einhaltung der **Einheit der Handlung**

- **asymmetrischer Aufbau:** Umschwung zur fallenden Handlung vollzieht sich nicht in der Mitte, sondern es gibt zwei Peripetien
  - **erste Peripetie:** Faust gibt Gelehrtenexistenz auf und bricht mit Mephisto zu Welterkundungstour auf
  - **zweite Peripetie:** Beschluss Fausts, Margarete zu verführen (*Wald und Höhle*)

Sprache und Stil

- Vorherrschen von **gereimter Sprache**, um unmittelbare Wirkung des Stoffs zu dämpfen (Ausnahme: *Trüber Tag. Feld* in Prosa zeigt Fausts aufgewühlte Gefühlslage, als er von Margaretes Kerkerhaft erfährt)
- **unterschiedliche Versarten**, um Charaktere und Gefühlslagen deutlicher herauszuarbeiten:
  - **Madrigalvers:** geistreicher, flüssiger Plauderton; typisch für Mephisto
  - **Knittelvers:** volkstümlich und bürgerlich-bieder; typisch für Margarete, auch Faust in bestimmten Szenen
  - **freie Rhythmen:** zeigen emotionale Erregung, z. B. von Margarete im Kerker
  - **Blankvers:** getragen und ernst; nur in der Zueignung und in Fausts Monolog (Szene *Wald*)
  - **Alexandriner:** feierlich; selten in *Faust II*
- häufiges Vorkommen von strophischen, lyrischen Formen als **Lieder, Gedichte und Gebete:**
  - Verweis auf **magisch-religiöse Sphäre**, z. B. Geisterstimmen im Studierzimmer oder Gebet Margaretes im Zwinger
  - Verweis auf **volkstümliche Sphäre**, z. B. Margaretes Gesang am Spinnrad

Gattungsbestimmung und Epochenzugehörigkeit

- Merkmale einer **Tragödie** (v. a. auf inhaltlicher Ebene), z. B. Erlangung tragischer Würde durch Margarete, da sie sich aktiv gegen ihre Befreiung und für ihre Hinrichtung entscheidet
- Merkmale eines **bürgerlichen Trauerspiels**, z. B. Nichtbefolgen der Ständeklausel und gängiges Plotschema (Verführung eines ehrbaren Bürgermädchens durch adeligen Mann)
  ABER: Entlarvung der Doppelmoral des Bürgertums, da Konflikt sich innerhalb des Bürgertums abspielt und Sittsamkeit nur von Frau gefordert wird
- **komödienhafte Ansätze** in der Form durch gebrochenes Pathos: **Wortwitz** Mephistos oder **Situationskomik**
  ABER: Tragik überwiegt
- **Anklänge an mittelalterliche Formen** wie Mysterienspiel und Schwank, z. B. *Prolog im Himmel* oder Derbheiten in der Hexenküche
- *Faust I* als epochenübergreifendes Werk:
  - **Aufklärung:** Glaube an menschliche Fähigkeit zur Vervollkommnung, z. B. Fausts Ringen um Erkenntnis
  - **Sturm und Drang:** Aufbegehren gegen gesellschaftliche Zwänge, Geniekult, Thema Kindsmord, Fausts Anspruch auf Erlebnisintensität
  - **Klassik:** Streben nach Harmonie und Humanität, z. B. Faust als Repräsentant der Gattung Mensch, kunstvolle Sprachgestaltung
  - **Romantik:** Hinwendung zum Unbewussten und Rätselhaft-Mythischen, z. B. Fausts innere Zerrissenheit, Auftreten von Geistern und Hexen

Auf einen Blick

Philosophisch
- ambivalente Haltung zu Irrtümern
- Negierung des Fortschrittsglaubens

Soziologisch
- Rollenzwänge für Geschlechter
- Doppelmoral des Bürgertums

Soziale Kontrolle und Ächtung sind auch unserer Gegenwart nicht fremd. Wenn ein Mann z. B. eine wesentlich jüngere Freundin hat, erntet er dafür Bewunderung, dagegen gilt der umgekehrte Fall bei vielen immer noch als anstößig.

Kommunikationstheoretisch
- Gegenüberstellung von Wort und Tat

Anthropologisch
- Ambivalenzen des Menschen (z. B. Gut vs. Böse, Geist vs. Körper)
- Mephisto als Alter Ego Fausts
- Wissenschaftskritik

keine Allgemeingültigkeit nur eines Deutungsansatzes, sondern immer Zusammenspiel mehrerer Lesarten

Philosophische Lesart

- Irren als Begleiterscheinung von Streben: „Es irrt der Mensch so lang er strebt." (V. 317)
- möglicherweise **Angriff auf den Humanismus der Aufklärung**, der von beständiger Höherentwicklung des Menschen ausgeht → **Negierung des aufgeklärten Fortschrittsglaubens**
- Widerspiegelung des Mechanismus der **„Dialektik der Aufklärung":** Umschlagen einer zweckgerichteten Rationalität in Barbarei, z. B. wenn Mephisto dem Herrn vorwirft, den Menschen mit Vernunft ausgestattet zu haben, wodurch dieser „tierischer als jedes Tier" (V. 286) werde
- **ambivalente Haltung zu Irrtümern**, da diese die menschliche Entwicklung auch voranbringen: Mephisto als **notwendiger Widerstand im Prozess des Fortschritts**, ohne den keine Entwicklung möglich wäre
- Irrwege des Menschen auch von Gott gelenkt → **Mephisto als Verkörperung des Bösen** ist integraler **Bestandteil der Schöpfung**
- **Ganzheit vs. Partialität:** Mephisto ist nur ein Teil der Schöpfung, die er gerade durch die ständige Verneinung bestätigt und anerkennt

Kommunikationstheoretische Lesart

- **Gegenüberstellung von Wort und Tat** bzw. von Sprache und Wirklichkeit: vergeistigtes Gelehrtendasein steht lebenspraller Sinnlichkeit gegenüber
- Drama deckt Vereinfachung dieser Polarität auf, da gezeigt wird, dass **Reden auch Handeln** sein kann genauso wie **Worte manipulieren und täuschen** können
  - z. B. **Verfluchung und Verleumdung Margaretes** durch Valentin führt zu deren Ächtung
  - Faust stellt Ausdrucksfähigkeit der Sprache immer nur dann infrage, wenn es ihm selbst nützt, z. B. **Ausweichen vor Liebeserklärung bzw. vor Religionsgeständnis**
  - Mephisto unterstellt gelehrter Rede Mangel an gedanklicher Tiefe
  - **Jonglieren Mephistos mit Begriffen und Perspektiven**, um seine Zwecke zu verfolgen, z. B. „Ein Teil von jener Kraft, / Die stets das Böse will und stets das Gute schafft." (V. 1335 f.)

  → Drama lehrt durch geistreiche und eloquente Textpassagen, sowohl der Sprache (**Manipulationsgefahr**) als auch denen, die ständig deren Unzulänglichkeit betonen, zu misstrauen

Deutungsansätze

Soziologische Lesart

- **gesellschaftliche Rahmenbedingungen** machen sexuelle Triebe zu Quelle tragischen Leidens
  → Offenlegung der **Beschränkungen, denen Geschlechterrollen jeweils unterliegen**
  – **Mann als aktiver Teil** erlebt Liebesabenteuer und ist dynamisch auf die Außenwelt gerichtet (z. B. Mephisto und Faust)
  – **Frau ist passiv** und will Mann für Ehe und häusliches Familienleben gewinnen (z. B. Marthe und Margarete)
  → Faust kann nach Affäre mit Margarete zu neuen Abenteuern weiterstreben, während Margarete die Beziehung mit dem Leben bezahlen muss
  ABER: Margarete ist nicht nur passiv, da sie Faust im Kerker anklagt = **Auflösung der traditionellen Geschlechterpolarität**
- Goethe entlarvt **Doppelmoral des Bürgertums**, da er Kluft zwischen Faust und Margarete innerhalb des Bürgertums verortet (Drama spielt nicht tugendhaftes Bürgertum gegen verwerflichen Adel aus): Faust fühlt sich Margarete überlegen, die für ihn nur kurzes Abenteuer ist, wodurch er ihr Leben zerstört
- Liebestragödie ist **Attacke auf inhumanen Sittenkodex** der bürgerlichen Gesellschaft: **Kindsmord** = Verzweiflungstat einer von Ächtung bedrohten Frau → **Gesellschaftskritik**, die Margarete nicht explizit formulieren kann, wird durch ihr Leiden ausgedrückt

Anthropologische Lesart

- **Faust als Repräsentant des gesamten Menschengeschlechts** auf seiner Odyssee durch die Geschichte (v. a. in *Faust II*)
- Darstellung der Ambivalenz des Menschen:
  – Gut vs. Böse
  – Geist vs. Körper
  – Lebensbejahung vs. -zerstörung
  – innere Unendlichkeit vs. äußere Begrenztheit
  → Wie kann man den richtigen Weg finden? – Mensch muss über Maß und Entsagen **beide Seiten in Einklang** bringen (Ideal der Klassik)
- **Mephisto als Alter Ego Fausts**, das das Böse und den Nihilismus in jedem einzelnen Menschen verkörpert: Faust-Figur zeigt Widersprüchlichkeit des Lebens und Vieldeutigkeit der Wirklichkeit
- **Faust als Symbol für Selbstüberschätzung und Hochmut** des Menschen, die ins Verderben führen müssen → **Teufelspakt** = ungehemmtes Ausleben dämonischer Bestrebungen im Menschen selbst, weshalb sich Mephistos Auftreten aus Fausts innerer Einstellung ergibt
- **Wissenschaftskritik**, z. B. Mephistos sarkastische Studienberatung, und **Kritik an unbedingtem Erkenntnisstreben**, das auch Teufelspakt in Kauf nimmt: Faust will wissen, „was die Welt / Im Innersten zusammenhält“ (V. 382 f.), und stürzt dadurch sich selbst und Margarete ins Verderben → Faust ist nicht nur vorbildlicher Tatmensch, sondern sein **ungezügelter Wille zur Herrschaft** über Naturkräfte macht ihn für Schwarze Magie verführbar → Streben nach Gottgleichheit **führt zu Vermessenheit**

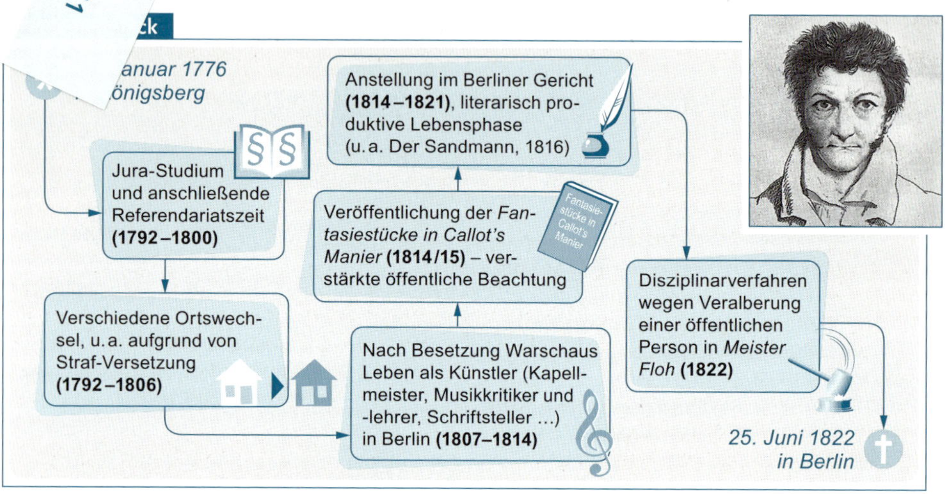

Kindheit und Jugend (1776 – 1792)

- Geburt am 24. Januar 1776 in Königsberg (Preußen)
- **Vater** Christoph L. Hoffmann: Anwalt am Königsberger Hofgericht; **Mutter** Luise A. Doerffer
- im Alter von zwei Jahren: **Trennung** der Eltern → Umzug mit der Mutter in deren Elternhaus
- ab 1782: Besuch der reformierten Burgschule in Königsberg, dort Beginn der langen **Freundschaft mit Th. G. Hippel**

Studien-und Referendarszeit (1792 – 1800)

- ab 1792: Jura-Studium an der **Albertus-Universität Königsberg** – zusammen mit Hippel
- 1795: **erstes juristisches Staatsexamen**, danach **Referendar** am Obergericht Königsberg
- während der Studienzeit **künstlerisches Engagement:** Schreiben (keine Werke dieser Zeit sind erhalten), Musik (z. B. Ausbildung zum Organisten) und Zeichnen
- 1796: Bekanntwerden seiner Liebe zur älteren, verheirateten Musikschülerin Dora Hatt → Versetzung nach Glogau
- 1798: **zweites juristisches Staatsexamen** (Note „vorzüglich") → Antritt einer **Referendariatsstelle** am **Berliner Kammergericht**
- **Verlobung** mit Cousine **Minna Doerffer**
- 1800: **drittes juristisches Staatsexamen** (Note „vorzüglich")

Arbeitsleben als Jurist in Posen, Płock und Warschau (1800 – 1806)

- 1800: Antritt einer Stelle als **Gerichtsassessor** (Richter auf Probe) in Posen (Preußen)
- Kennenlernen der Polin Marianne Th. M. Rorer
- Silvester 1800: erste Aufführung eines musikalischen Werkes (eine Kantate) von Hoffmann
- 1802: **Auflösung der Verlobung** mit Minna Doerffer und **Hochzeit** mit M. Th. M. Rorer
- 1802: **(Straf-)Versetzung** nach **Płock** wegen Karikaturen über Posener Offiziere
- 1804: Ernennung zum Regierungsrat in **Warschau** (auf Hippels Initiative)
- Beginn der Freundschaft mit J. Hitzig → Kontakt mit den literarischen Werken der Romantiker

- 1806: französische Besetzung der Stadt durch Napoleon → Verlust der Arbeit wegen Weigerung, auf die neue Regierung einen Eid abzulegen → Rückkehr nach Berlin

Leben als Künstler in Berlin, Bamberg und Dresden (1807–1814)

- in **Berlin** finanziell **schwierige Lebensbedingungen:** Arbeit als Musiker, Zeichner und Autor
- 1808: Übernahme der Stelle des **Kapellmeisters** am Theater **Bamberg**, das er aber wegen Intrigen nach zwei Monaten wieder verlassen muss
- Beschäftigung als **Musiklehrer** – u. a. von Julia Marc, einem 15-jährigen Mädchen, in das Hoffmann sich verliebt und das er in seinen Werken in verschiedenen Formen literarisiert
- 1809: Veröffentlichung der **ersten wichtigen Erzählung** *Ritter Gluck* (1809) → verstärkte Hinwendung zum literarischen Schaffen (u. a. Prosatexte mit dem Kapellmeister Johannes Kreisler)
- Verfassen von Musikkritiken (für die Leipziger *Allgemeine musikalische Zeitung*)
- 1813: Umzug nach **Dresden** mit Aussicht, eine Erzählsammlung zu veröffentlichen → **Vertrag** mit Bamberger Verleger Carl Fr. Kunz: *Fantasiestücke in Callot's Manier*
- Spätsommer/Herbst 1813: **intensive Arbeit** an Erzählungen für die *Fantasiestücke* in Dresden
- vorübergehend Stelle als Musikdirektor bei J. Secondas Operngesellschaft (Dresden/Leipzig)
- *Fantasiestücke* als Beginn der stärkeren öffentlichen Wahrnehmung Hoffmanns als Schriftsteller

Arbeitsleben als Jurist in Berlin (1814–1822)

- 1814: Antritt einer Stelle als **Richter** im **Berliner Kammergericht**
- **erste Fassung** der Erzählung ***Der Sandmann*** vom 16. November **1815** – bis zur Veröffentlichung aber mehrfache **sprachliche und inhaltliche Überarbeitung**
- Veröffentlichung des Romans *Die Elixiere des Teufels* (1815/16)
- Uraufführung seiner Oper *Undine* am Nationaltheater Berlin
- 1816: Beförderung zum **Kammergerichtsrat** in Berlin
- Ende 1816: Veröffentlichung der Erzählung *Der Sandmann* als Teil der *Nachtstücke* (1816/17)
- 1816–1821: **produktive Zeit** mit **zahlreichen literarischen Veröffentlichungen**
- ab 1819: erste Anzeichen einer schweren **Erkrankung**
- gegen seinen Willen Ernennung zum Mitglied einer Kommission, die **gegen politische Störenfriede** vorgehen soll → Engagement Hoffmanns für die Betroffenen
- Zensur seiner Erzählung *Meister Floh* (1822), da Hoffmann sich darin über den Ministerialdirektor des Polizeiministeriums lustig macht → **Disziplinarverfahren** gegen Hoffmann
- Tod Hoffmanns am 25. Juni 1822 aufgrund der Folgen seiner Rückenmarkserkrankung

Werkauswahl

- Erzählung ***Der goldne Topf*** (1814): Verstrickung eines Studenten in einen mythischen Kampf zwischen Gut und Böse – Reifung des Studenten zum Dichter durch Offenheit für das Wunderbare
- Kunstmärchen ***Klein Zaches, genannt Zinnober*** (1819): Hofkarriere eines verkrüppelten Menschen, der wegen eines Zaubers als Verkörperung von Kultur und Niveau wahrgenommen wird
- satirischer Roman ***Lebensansichten des Katers Murr*** (1819–1821): kunstvolle Verschränkung der Biografie des Kapellmeisters Kreisler und der Autobiografie eines Katers
- Kriminalnovelle ***Das Fräulein von Scuderi*** (1820): Entlarvung eines Goldschmieds als Mörder, der – von der eigenen Kunst besessen – sein „Werk" nicht dem Kunden überlassen kann

Auf einen Blick

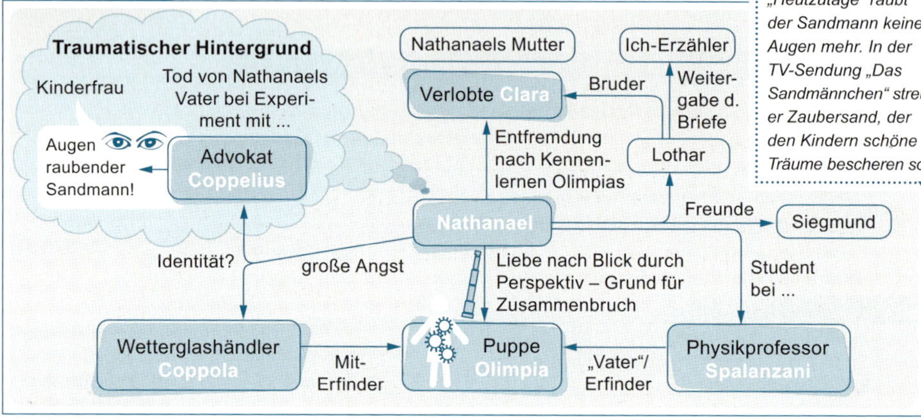

„Heutzutage“ raubt der Sandmann keine Augen mehr. In der TV-Sendung „Das Sandmännchen“ streut er Zaubersand, der den Kindern schöne Träume bescheren soll.

Drei Briefe

Erster Brief – Nathanael an Lothar

- **beängstigender Besuch des Wetterglashändlers Coppola** bei dem Studenten Nathanael
- Ahnung Nathanaels: Coppola sei der Advokat Coppelius aus seiner Kindheit
- Kindheitserinnerung an Coppelius:
  - Coppelius: bedrohliche Figur, die zu Nathanaels Vater kommt und mit ihm geheime Dinge treibt
  - Nathanaels Verknüpfung des Coppelius mit der **Kinderschreckfigur des Sandmannes**, der nach der Erzählung der Kinderfrau schlafunwilligen Kindern die **Augen raubt** → **große Angst**
  - Verstecken Nathanaels im väterlichen Arbeitszimmer, als Coppelius mit dem Vater alchemistisch experimentiert → Entdecken des Jungen → Coppelius' Drohung, ihm die **Augen zu nehmen** → Bewusstlosigkeit Nathanaels und langer, fieberhafter Schlaf
  - ein Jahr später: erneuter Besuch Coppelius' → **Tod des Vaters** bei einem der Experimente
- Nathanaels Überzeugung, dass **Coppola mit Coppelius identisch** ist

Zweiter Brief – Clara an Nathanael

- Clara als Empfängerin des „Briefes an Lothar“ wegen falscher Adressierung
- Claras Erschütterung angesichts der Erzählungen Nathanaels
- nach Gespräch mit dem Bruder Lothar aber **rationalisierende Reaktion:**
  - rationale Entzauberung: Verknüpfung Coppelius' mit dem **Sandmann als Einbildung**
  - Erklärung, dass dunkle Mächte nur wirken können, wenn der Mensch sie im Innern wirken lässt → **dunkle Macht** nur **als innere, psychische** und nicht als äußere, wirkliche Macht
  - Rat, den Gedanken an Coppelius/Coppola zu verdrängen

Dritter Brief – Nathanael an Lothar

- Nathanaels **Enttäuschung** angesichts der als kühl empfundenen Reaktion Claras und angesichts der Gespräche zwischen Lothar und ihr über ihn
- Auffassung, Coppola sei doch nicht mit Coppelius identisch – aber dennoch **keine Beruhigung**
- Bericht über **Olimpia**, Tochter des Physik-Professors Spalanzani, die dieser abschirmt und die starr und leblos auf ihn wirkt
- Ankündigung, zu Clara und Lothar zu reisen

Nathanael und Clara

- Ansprache des Lesers durch Erzähler: Begründung dafür, zuerst die drei Briefe zu präsentieren
- Nathanaels Ankunft bei Clara: vorübergehendes **Verschwinden der dunklen Gedanken**, dann zunehmend **Wesensveränderung:** Ahnungen, der Mensch sei Spielball dunkler Mächte
- **Unverständnis Claras** für Nathanael → Erklärung, der Dämon sei nur in seinem Inneren
- fortwährende Versuche, Clara an seinen Vorstellungen **teilhaben** zu lassen → u. a. auch durch das Vorlesen selbst geschriebener **literarischer Texte** → Claras Bitte, dass Nathanael eine seiner Dichtungen vernichte → **beleidigende Reaktion** Nathanaels
- **Eskalation** eines daran anschließenden Streits zwischen Lothar und Nathanael → **Verhinderung eines Duells** zwischen den beiden durch Clara → **Versöhnung**

Nathanael und Olimpia

- Rückkunft Nathanaels in die Stadt G., in der er studiert – alte Wohnung aber abgebrannt
- **Umzug** Nathanaels in eine **Wohnung gegenüber von Spalanzani** → Desinteresse für Olimpia, die er oft durchs Fenster regungslos am Tisch sitzen sieht
- neuerlicher **Besuch Coppolas**, der Brillen mit der Wendung „sköne Oke" anpreist und Nathanael erneut verstört → Kauf eines Perspektivs (Fernrohr) → **Änderung der Wahrnehmung Olimpias durch das Perspektiv:** u. a. Faszination für die Lebendigkeit ihrer bisher eher tot wirkenden Augen → Verdrängung der Gedanken an Clara
- bei einem von Spalanzani ausgerichteten Fest: Entflammen der **Liebe zu Olimpia**, die allerdings nur mit einem „Ach – ach!" auf ihn reagiert
- Olimpia in der öffentlichen Wahrnehmung als **stumpfsinniger Mensch** → Nathanaels Verärgerung darüber → Nathanaels Verteidigung Olimpias gegenüber seinem Freund Siegmund
- häufige und lange Besuche bei der wortkargen Olimpia → Nathanaels Überzeugung, **sie allein verstehe ihn** → Vorhaben, ihr einen **Heiratsantrag** zu machen
- Nathanaels Beobachtung einer **Auseinandersetzung zwischen Coppola und Spalanzani** um Olimpia → erschreckende Erkenntnis, dass **Olimpia** eine **Puppe** ist → Ausbruch des **Wahnsinns** bei Nathanael, nachdem Coppelius (Konstrukteur ihrer Augen) mit dem augenlosen Körper flieht und der verletzte Spalanzani (Konstrukteur des Körpers) Nathanael ihre **Augen** zuwirft
- Rettung des Professors vor dem im Wahn wütenden Nathanael durch mehrere Menschen
- z. T. **empörte Reaktion** der Öffentlichkeit auf Enthüllung, dass Olimpia eine Puppe ist; Bemühen Verliebter, die eigene Lebendigkeit zu beweisen und den Partner auf Lebendigkeit zu prüfen

Nathanaels Suizid

- Erwachen Nathanaels nach längerer Zeit bei seiner Mutter und Clara → zunehmende **Genesung** Nathanaels
- Nathanaels Wille, Clara zu **heiraten** und mit ihr auf ein geerbtes Gut zu ziehen
- Besteigen eines Rathausturms bei einem Stadtbesuch:
  - Entdecken eines seltsamen grauen Busches in der Ferne → Nathanaels Nutzung des **Perspektivs** → erneutes Ausbrechen des Wahnsinns bei Nathanael, als er durch das Perspektiv Clara erblickt → Versuch, **Clara vom Turm zu werfen**
  - Rettung Claras durch den hinaufstürmenden Lothar
  - Nathanaels absichtlicher **tödlicher Sturz** vom Turm, als dieser Coppelius vor dem Turm sieht
- Ausblick: Claras späteres Glück mit einem anderen Mann

Auf einen Blick

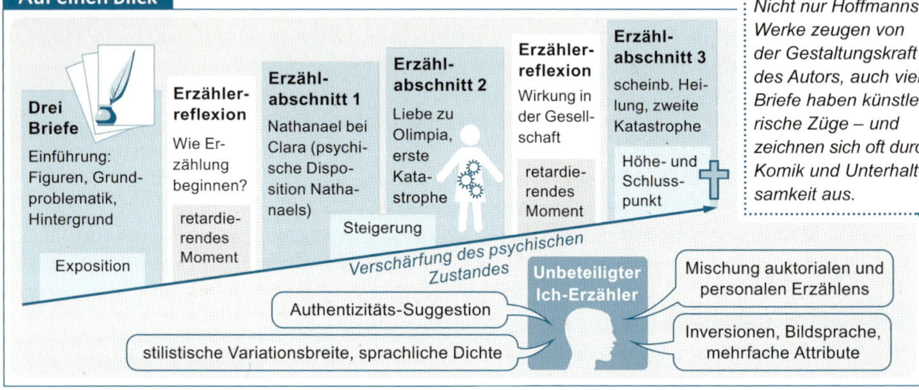

Nicht nur Hoffmanns Werke zeugen von der Gestaltungskraft des Autors, auch viele Briefe haben künstlerische Züge – und zeichnen sich oft durch Komik und Unterhaltsamkeit aus.

Aufbau und Struktur

- Äußere Struktur:
  - **Drei Briefe** (jeweils mit Überschrift): Nathanael an Lothar, Clara an Nathanael, Nathanael an Lothar
  - **Zwei mit Strich** voneinander abgehobene **Erzählabschnitte:**
    1. Erzählerreflexion und Nathanaels Aufenthalt bei Clara
    2. Liebe zu Olimpia, geistige Verwirrung, Genesung, Heiratsvorhaben, Sturz vom Turm
- Innere Struktur:
  - **Drei Briefe** als **Exposition:** Einführung der Figuren, der Grundproblematik (Besuch Coppelius' als Auslöser) und des traumatischen Hintergrunds
  - retardierender **Erzähler-Exkurs:** Reflexion des Erzählansatzes
  - **Erzählabschnitt 1:** Nathanaels Aufenthalt bei Clara → eigener Spannungsbogen (Beruhigung zu Beginn, zunehmende Eskalation mit drohender Katastrophe und schließlich Versöhnung)
  - **Erzählabschnitt 2:** Nathanaels Beziehung zu Olimpia (wiederum Besuch Coppelius' als Auslöser) → eigener Spannungsbogen mit einer **ersten Katastrophe** (Sich-Verlieben in Puppe bis hin zur Beobachtung des Streits zwischen Coppola und Spalanzani und daraus resultierendem Wahnsinn Nathanaels)
  - retardierender **Erzähler-Exkurs:** Reaktionen der Öffentlichkeit auf Olimpia-Enthüllung
  - **Erzählabschnitt 3: retardierendes Moment** (Genesung Nathanaels) und schlussendliche **Katastrophe** (Suizid Nathanaels)
- Steigerungsprinzip:
  Erzählabschnitt 1: Verdeutlichung der **psychischen Disposition** Nathanaels (Tendenz zu Fantasiewelten)
  Erzählabschnitt 2: **Verschärfung des psychischen Zustandes** (Wirklichkeitsverkennung: Olimpia als liebenswerter Mensch; sich daraus ergebender psychischer Zusammenbruch)
  Erzählabschnitt 3: **Höhe- und Schlusspunkt** (erneuter Wahnsinn mit Eskalation bis hin zur Tötungsabsicht gegenüber Clara und schließlich Suizid)
- retardierende Momente ebenfalls als Mittel der Spannungssteigerung
- Leitmotive als zentrales Strukturelement: Augen als (vermeintlicher) Spiegel der Seele und als (nicht immer „objektives") Wahrnehmungsorgan; Automaten-Menschen

Erzählweise

- **unbeteiligter Ich-Erzähler:**
  - Selbstreflexion im Hinblick auf die eigene Erzählweise
  - **Wirklichkeits-/Authentizitäts-Suggestion** durch Leser-Ansprache
  - Unklarheit, wie Ich-Erzähler die Geschichte erfahren hat (außer Lothars Weitergabe der Briefe)
  - **Züge auktorialen Erzählens** durch großes Wissen über die Figuren und die Vorgänge in ihrem Inneren – teilweise auch Distanzierung von Nathanaels Sicht der Dinge
  - aber oft auch **Tendenz zu personalem Erzählen:** Beschränkung auf Nathanaels (offenbar beeinträchtigte) Wahrnehmung → **Verunsicherung des Lesers** z. B. im Hinblick darauf, ob Coppola mit Coppelius identisch ist, und Hineinziehen in das „ver-rückte“ Erleben Nathanaels
- teilweise **multiperspektivisches Erzählen:** z. B. die drei Briefe als unvermittelte Wiedergabe der Perspektive zweier Figuren
- **Zeitgestaltung:**
  - Erzählzeitpunkt: mehrere Jahre nach dem Geschehen → Rückblick
  - Verhältnis von erzählter Zeit und Erzählzeit: zurückhaltend **zeitraffendes Erzählen** mit gelegentlicher Tendenz zur **Zeitdeckung** bei der Darstellung wichtiger Szenen (z. B. zweite Begegnung mit Coppola; Streit Spalanzanis und Coppolas um Olimpia)
- **Darbietungsformen:**
  - Vielfalt in der Wiedergabe von Gedanken: von der **direkten Rede** über die **erlebte Rede** und die **indirekte Rede** bis hin zum **Bewusstseinsbericht**
  - direkte und indirekte Rede auch bei der Wiedergabe von Gesprochenem
  - Dialogpassagen meist mit Beschreibung der Figuren, des ablaufenden Geschehens oder auch der Wahrnehmung Nathanaels durchsetzt
- Tendenz zu **szenischem Erzählen** bei Darstellung einzelner Geschehnisse → Unmittelbarkeit

Sprache und Stil

- große **sprachlich-stilistische Variationsbreite** und **sprachliche Dichte**
- differenzierende und intensivierende **Doppelungen** (z. B. S. 37: „klapperten und dröhnten“)
- Dramatisierung spannender Kernszenen durch kurze, oft asyndetische, z. T. **elliptische Sätze**
- Verwendung von Farbbeschreibungen: Adjektive „rot“ und „dunkel“ als Andeutung von Gefahr
- **mehrfache** (oft asyndetisch gereihte) **Attribute** zu einem Bezugswort → intensive, anschauliche und genaue Beschreibung von Menschen, Gegenständen und Situationen
- **abwechslungsreiche Syntax:** parataktisch geprägte Satzstrukturen (oft in dramatischen Schilderungen) und hypotaktische Satzstrukturen (oft in raffenden oder reflektierenden Passagen)
- **Inversionen** → stilistische Abwechslung und intensivierende Betonung wichtiger Worte
- lautliche Untermalung der Zusammengehörigkeit von Wörtern durch Alliterationen
- anschauliche **Metaphern,** bildhafte Umschreibungen, Vergleiche – v. a. für die Darstellung von Wahrnehmungen/Gefühlen (z. B. S. 27: „Tausend Augen“, S. 18: „wie eisige Windeshauche“)

Literarische Form und Epochenzugehörigkeit

- **Erzählung** mit einigen Merkmalen der Novelle (u. a.: unerhörte Begebenheit; Perspektiv als Dingsymbol; dramenähnlicher Aufbau, z. B. mit retardierendem Moment)
- Einordnung als Werk der **Schwarzen Romantik/Schauerromantik:** Suggestion dunkler Mächte, Darstellung der Abgründe/Nachtseiten der menschlichen Seele und des Wahnsinns etc.

Auf einen Blick

Psychoanalytisch/psychologisch
- S. Freud: Angst vor Augenverlust = Kastrationsangst; Aufspaltung des Vaters in guten Vater und bösen Vater
- Nathanael als schizophrener Psychotiker, Narzisst und/oder Egozentriker

Philosophisch
- Subjektivität von Wahrheit
- Menschenbild: Betonung des Empfindens gegenüber Ratio
- mögliche Nachtseite der Welt

Biografisch
- Nähe zum Exzentrischen
- Kenntnisse von Schizophrenie

Poetologisch
- Dichtung als Kommunikationsversuch und Selbstausdruck, aber auch als Selbstbespiegelung
- Schwierigkeit, ein „inneres Gebilde“ dem Leser adäquat mitzuteilen

Soziologisch
- Kritik am Frauenbild
- Frauen als verfügbares Objekt

keine Allgemeingültigkeit nur eines Deutungsansatzes, sondern immer Zusammenspiel mehrerer Lesarten

Heute ist man sich einig, dass „Der Sandmann“ ein Meisterwerk ist – zu Hoffmanns Zeiten war das anders: Ein Rezensent empfand die „Darstellung“ als „ungeschickt“ und „matt“ – und selbst Goethe klassifizierte Hoffmanns Werke als „krankhaft“.

Biografische Deutung

- **Einblick** Hoffmanns in **schizophrene Psychen** durch seine Arbeit als Jurist, bei der er entsprechende Gerichtsakten studierte
- teilweise eigene **Nähe zum Exzentrischen**, vielleicht sogar zum Wahnsinn
- Übersteigerung der eigenen Fantasie und der eigenen Ängste ins Krankhafte

Philosophische Deutung

- Betonung der **Empfindungswelt** und des **Irrationalen** entgegen dem Menschenbild der Aufklärung, das die Rationalität und die Vernunft hervorhebt
- Nathanaels **geistige Entwicklung als Gegenbeispiel zum aufklärerisch-klassischen Ideal** der Entfaltung positiver Individualität/Selbstbestimmung
- Weltbild: Verunsicherung der Überzeugung, dass nur die normale und gewohnte **Alltagswelt** existiert, durch Andeutung einer **dämonischen Welt** bzw. einer „**Nachtseite**“ des Alltags (z. B. durch die Auswirkungen des – verzauberten? – Perspektivs)
- Bezug zum **Konstruktivismus: Subjektivität von Wahrheit** → Nathanaels Wirklichkeitskonstruktion (Coppelius = Coppola) nicht eindeutig von der Hand zu weisen (durch die vom Erzähler geschaffenen Uneindeutigkeiten)
- Kommunikationsproblematik (vgl. Erzählerreflexion nach den drei Briefen): Zweifel an Sprachförmigkeit des Inneren/innerer Bilder → Frage: Wie lässt sich Inneres ohne Verlust mitteilen?)
- Gefahren der Technik: Ersetzung des Menschen durch eine Maschine
- der Mensch als Erschaffer eines Menschen in Konkurrenz zu Gott → **Natürlichkeit vs. Künstlichkeit**
- **sprechende Namen:** Clara (von lat. *clarus* = klar, hell) als Figur der Aufklärung; Nathanael (von hebr. *nathan* + *el* = Gottesgabe) eher mit Bezug zum Wunderbaren und damit als Gegenfigur zu Clara; Olimpia (aus dem Griechischen: die vom Olymp Stammende) als ironische Andeutung, dass sie ein Geschöpf von Menschen ist, die sich Gottähnlichkeit anmaßen

Poetologische Deutung

- **Erzählerreflexionen:**
  - erzählstrategische Überlegungen, wie die Geschichte um Nathanael zu beginnen sei
  - Schwierigkeit, dem Leser von Beginn an den Reichtum und die Intensität des **„inneren Gebildes"** von einer Geschichte mitzuteilen
  - Vorzug eines anderen Vorgehens: erst Umrisse geben, um dann die Umrisse zu füllen (→ intermedialer Vergleich mit einem Maler) – die drei Briefe als entsprechender Erzählbeginn
- Nathanael als Dichter:
  - Nathanaels Dichtungen als Versuch, Clara seine Verfassung zu vermitteln → literarisches Schreiben als **Kommunikation und Selbstausdruck**
  - Nathanaels Lesungen eigener Werke bei Olimpia → literarisches Schreiben als Form der **Selbstbespiegelung/Selbstbewunderung**

Psychologische / psychoanalytische Deutung

- Interpretation der Erzählung durch **Sigmund Freud**, den „Erfinder" der Psychoanalyse:
  - Nathanaels **Angst** vor dem **Verlust der Augen** = **Kastrationsangst**
  - inzestuöse Kindheitswünsche als Anlass für die Angst, kastriert zu werden
  - **Aufspaltung** des geliebten und zugleich gehassten Vaters in einen **guten Vater** (biologischer Vater) und einen **bösen Vater** (Coppelius) – Verschiebung des Hasses auf diesen, um positives Vaterbild zu retten
  - Wiederholung dieser Aufspaltung in Coppola und Spalanzani
  - der Sandmann (und die mit ihm in eins zu setzenden Figuren Coppola und Coppelius) als „Störer der Liebe", sowohl der Liebe zu Clara als auch der Liebe zu Olimpia
  - Liebe zu Olimpia als **narzisstische Liebe** (als Selbstliebe)
- Nathanael als ein an einer **schizophrenen Psychose** erkrankter Mensch mit verschiedenen Symptomen:
  - **Verfolgungswahn:** Nathanaels Glaube, dass Coppelius/Coppola ihn verfolgt
  - **Wahnvorstellungen:** Coppelius/Coppola als Vertreter eines bösen Prinzips
  - **Wirklichkeitsverlust:** Liebe zur Puppe Olimpia
  - Rückzug aus sozialen Beziehungen: Abwendung von Clara
  - **plötzliche Aggressionen:** Angreifen Spalanzanis und Claras
  - schubweises Auftreten der Schizophrenie
- **Narzissmus und Egozentrik:** Begeisterung für Olimpia eigentlich **Begeisterung für sich selbst** (Gefühl, verstanden zu werden, durch die fehlende kritische Reaktion Olimpias)
- **Projektion eigenen Erlebens** in die Puppe Olimpia
- Entdeckung/Bestrafung Nathanaels durch Coppelius als unbewältigtes **Kindheits-Trauma**

Soziologische Deutung

- **Täuschbarkeit des Menschen** durch eine „Maschinenfrau" → **Kritik am Frauenbild** der Zeit, nach dem eine Frau, die nichts sagt und tut, nicht auffällt
- **genderorientierte Lesart:**
  - Schaffung einer schönen Idealfrau durch zwei Männer → der Mann als Schöpfer, die **Frau** als **Objekt von Macht** und als verfügbares **Objekt für erotische Wünsche**
  - Bevorzugung Olimpias durch Nathanael als Ausdruck von **Sexismus** (Wahl der passiven, nicht widerständigen Frau)

Auf einen Blick

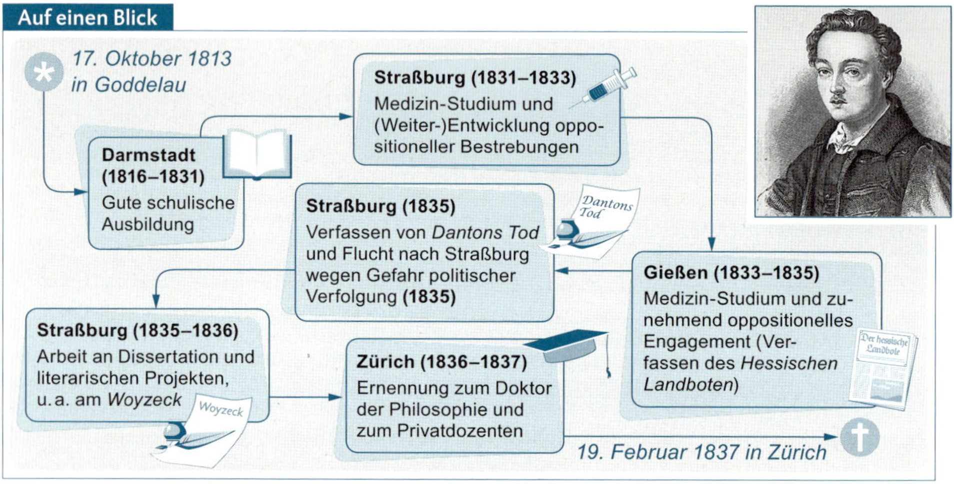

Kindheit und Jugend in Darmstadt (1813–1831)

- Geburt am 17. Oktober 1813 in Goddelau bei Darmstadt (Hessen) als erstes von sechs Kindern
- **Vater** Ernst Karl Büchner: **Arzt** (Chirurg); **Mutter** Louise Caroline Büchner
- 1816: Umsiedelung nach **Darmstadt** wegen neuer Stelle des Vaters
- Bildung des Kindes durch frühen **Privatunterricht** der Mutter → Lesen, Schreiben, Rechnen
- 1821–1825: Besuch der gut ausgestatteten „Privat-Erziehungs- und Unterrichts-Anstalt" → **umfassender Unterricht** – u. a. verschiedene Fremdsprachen und naturkundliche Fächer
- ab 1825: Besuch des angesehenen „Pädagogiums" (Ludwig-Georgs-Gymnasium) in Darmstadt → **breit gefächerte Ausbildung**, u. a. auch in Rhetorik und Alten Sprachen
- Beförderung des **Geschichtsinteresses** u. a. durch den Vater, der aus der Zeitschrift *Unsere Zeit* vorlas, in der die Ereignisse während der Napoleonischen Kriege geschildert werden
- Lesekreis mit Mitschülern (u. a. mit Karl Minnigerode): Begeisterung für Shakespeare
- auch ansonsten **Interesse für Werke der großen Autoren** (Homer, Sophokles, Goethe etc.)
- zweimaliges Halten einer Rede bei Semesterabschlussfeiern – u. a. Begeisterung für den freiheitsliebenden Cato, der sich selbst tötete, um sich nicht Cäsar unterordnen zu müssen
- gegen Ende der Schulzeit zunehmend **Sympathie für radikale Positionen**, wie sie in der **Französischen Revolution** vertreten wurden
- 1831: **Schulabschluss** (gutes Zeugnis z. B. in Deutsch und Latein, schlechtes Zeugnis in Mathe)

Studium in Straßburg (1831–1833)

- 1831: Beginn des **Studiums an der Medizinischen Fakultät** der **Universität Straßburg**
- Beginn der Liebe zu **Wilhelmine Jaeglé**, bei deren Vater Johann Jakob (Pfarrer) Büchner wohnt
- Lektüre sozialrevolutionärer Schriften – Entwicklung republikanisch-freiheitlicher Vorstellungen
- Dauergast bei Studentenverbindung „Eugenia": neben theologischen und studentischen auch politische Themen → Büchner mit **engagierten, obrigkeitskritischen Überzeugungen**
- Ende 1832: Verschlechterung der Stimmung bei Büchner wegen beengter Atmosphäre in Straßburg (im Vergleich zu Darmstadt)

- 1833: heimliche **Verlobung mit Wilhelmine Jaeglé**
- April 1833: Brief der Eltern über die Beteiligung einiger „Pädagogiums"-Schüler am umstürzlerischen **Frankfurter Wachensturm** → Büchners Versicherung, an solchen Aktionen nicht teilzunehmen – aber keine strikte Verurteilung von **Gewalt** als Mittel gesellschaftlicher Veränderung
- Sommer 1833: **Weggang aus Straßburg** → zunächst Aufenthalt in Darmstadt, wo einige seiner ehemaligen Mitschüler wegen des Verdachts, an politischen Unruhen beteiligt gewesen zu sein, verhaftet worden sind → u. a. Falschaussage Büchners, um einen von ihnen zu entlasten

Studium in Gießen (1833–1835)

- 1833: Fortsetzung des **Studiums an der Medizinischen Fakultät** der **Universität Gießen**
- 1834: Bekanntschaft mit dem Schulrektor und **Oppositionellen Dr. Friedrich L. Weidig**
- Lektüre von **Werken** über die **Französische Revolution** → sogenannter „Fatalismus"-Brief an Wilhelmine, in dem Büchner einen „gräßlichen Fatalismus der Geschichte" feststellt
- Gründung der geheimen **oppositionellen „Gesellschaft der Menschenrechte"** in Gießen
- Juli 1834: Druck der von Büchner verfassten und von Weidig entschärften Flugschrift *Der Hessische Landbote* → heftige **Anklage der Obrigkeit** wegen der **gesellschaftlichen Ungerechtigkeiten** → Parole: „Friede den Hütten! Krieg den Palästen!"
- Verhaftung Minnigerodes (Freund Büchners) wegen des Besitzes von 150 Kopien der Flugschrift
- **Durchsuchung der Wohnung und Vernehmung Büchners**
- Winter 1834/35: Aufenthalt in Darmstadt bei den Eltern → **Vorarbeiten** zu *Dantons Tod* (Buchrecherchen zur Französischen Revolution) → Januar/Februar 1835: **Niederschrift von *Dantons Tod*** unter dem Druck, das Werk schnell abzuschließen (wegen drohender Polizeiermittlung)
- März 1835: **Flucht nach Straßburg**, nachdem Büchner nicht persönlich bei einer gerichtlichen Vorladung erschienen war und fürchten musste, steckbrieflich gesucht zu werden
- vorzensierter **Vorabdruck** von *Dantons Tod* in der Zeitschrift *Phönix*

Straßburg und Zürich (1835–1837)

- viele Verhaftungen von Freunden und Verbündeten (u. a. Friedrich Weidig)
- Übersetzungen von Dramen Victor Hugos für den Verleger Sauerländer
- **Veröffentlichung** der **Buchausgabe von *Dantons Tod*** im Juli 1835
- Arbeit an der Erzählung ***Lenz***
- Herbst/Winter 1835/36: Intensivierung der **Doktorarbeit** (nervliche Verbindungen bei Fischen)
- zweite Hälfte des Jahres 1836: **Arbeit an den Dramen *Woyzeck* und *Leonce und Lena***
- Promotion zum **Doktor der Philosophie** an der Universität Zürich, Umzug nach Zürich, Ernennung zum Privatdozenten – Beginn universitärer Lehre
- Tod nach schwerer Erkrankung an Typhus am 19. Februar 1837
- Drama *Woyzeck* erst 1879 veröffentlicht und 1913 im Residenztheater München uraufgeführt

Werkauswahl

- Drama ***Dantons Tod*** (verf. 1835): Darstellung des von konträren Weltbildern geprägten Konflikts über die Fortführung der Französischen Revolution am Schicksal des Politikers Danton
- Novelle/Erzählung ***Lenz*** (verf. 1835): Schilderung der zunehmenden geistigen Verwirrtheit des Schriftstellers Jakob Michael Reinhold Lenz
- Lustspiel ***Leonce und Lena*** (verf. 1836): verwickelte Liebesgeschichte zweier Königskinder als satirische Karikatur zeitgenössischer Kleinstaaten und humorvolle Distanzierung von der Romantik

Auf einen Blick

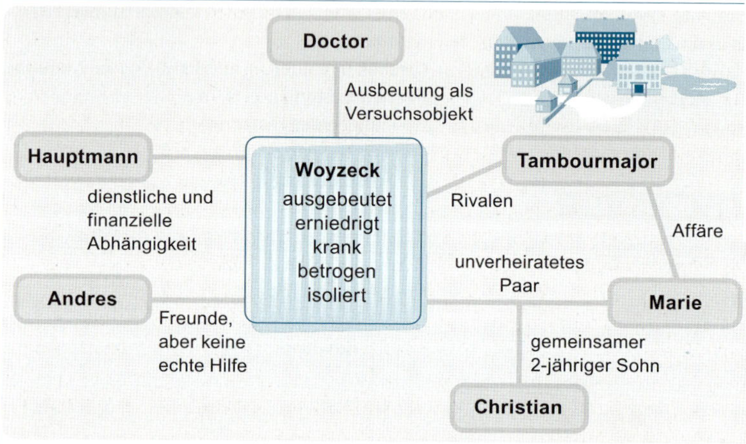

Justus von Liebig (ein Universitätsdozent von Büchner) führte tatsächlich Erbsenexperimente mit Soldaten durch, um zu prüfen, ob teures Fleisch durch billige Hülsenfrüchte ersetzt werden kann.

Woyzeck, Dramenfragment mit 27. Szenen

- **1. Szene, Freies Feld. Die Stadt in der Ferne:** einfache Soldaten Woyzeck und Andres beim Schneiden von Stöcken → Woyzecks **Wahnvorstellung**, dass sie sich an einer Hinrichtungsstätte der Freimaurer befänden und der Boden unter ihnen hohl sei; Wahrnehmung von Stimmen und Zeichen am Himmel
- **2. Szene, In der Stadt:** Tambourmajor mit Militärkapelle an Maries offenem Fenster vorbei: Marie mit ihrem kleinen Jungen auf dem Arm; Streit mit der Nachbarin Margareth wegen eines Flirts mit dem attraktiven Tambourmajor; Besuch von Woyzeck an Maries Fenster: Schilderung seiner Wahnvorstellungen, zunehmende Sorge Maries um Woyzeck
- **3. Szene, Buden. Lichter. Stadt:** Woyzeck und Marie auf dem Jahrmarkt; Vortrag des Ausrufers über Tiere mit magischen Fähigkeiten und über die fließende **Grenze zwischen Mensch und Tier** → Marie im Blickfeld des Tambourmajors, gelangt mithilfe des Unteroffizier zu Tambourmajor in die erste Reihe in der Jahrmarktsbude
- **4. Szene, Maries Kammer:** Selbstbetrachten Maries im Spiegel mit den neuen Ohrringen vom Tambourmajor → Beklagen der Ungleichheit der Menschen, Feststellen ihrer eigenen Schönheit; Eintreten Woyzecks, in dem beim Anblick der Ohrringe ein **Verdacht** aufkommt; Überreichen seines Wochenlohns, Anflug von schlechtem Gewissen bei Marie
- **5. Szene, Zimmer:** Rasieren des Hauptmanns als Woyzecks Nebenverdienst: Woyzeck vom Hauptmann zur Langsamkeit ermahnt; Woyzeck sei laut Hauptmann ein guter Mensch, ihm fehle aber Moral, was sein uneheliches Kind beweise → Woyzecks Rechtfertigung mit der Liebe Gottes für alle Menschen und mit der Unmöglichkeit, als armer Mensch **moralisch** und tugendhaft leben zu können
- **6. Szene, Gasse:** intensiver Flirt und Körperkontakt zwischen Tambourmajor und Marie
- **7. Szene, Gasse:** Konfrontation zwischen Marie und Woyzeck, der die Begegnung zwischen ihr und Tambourmajor beobachtet hat → Maries abwehrende und gleichgültige Reaktion
- **8. Szene, Labor des Doctors:** Ärger des Doctors, dass Woyzeck „an die Wand gepisst" hat, obwohl er im Rahmen einer bezahlten Erbsendiät Urinproben abgeben muss

→ Gedanken des Doctors über die **Dominanz der Willensfreiheit** des Menschen über die tierische Natur; Woyzecks Bericht über die „doppelte Natur" → begeisterter Doctor diagnostiziert eine durch das Experiment versursachte **Psychose**

- **9. Szene, Straße:** Klagen des Hauptmanns über Hektik und über seine **Melancholie** vor dem Doctor, der vernichtendes Urteil über den körperlichen Zustand und über die Lebenserwartung des Hauptmanns fällt; Erscheinen Woyzecks: Anspielungen des Hauptmanns auf die Affäre zwischen Marie und Tambourmajor → Woyzeck davon tief getroffen und verstört
- **10. Szene, Der Hof des Professors:** Woyzeck als **Anschauungsobjekt** in der Vorlesung eines Professors, der aus Erkenntnisinteresse Katze aus Fenster werfen will; Aufruf des Doctors an die Studenten, Woyzeck zu betrachten, der von vierteljähriger Erbsendiät **völlig entkräftet** ist
- **11. Szene, Wachstube:** Lärm von Musik und Tanz in der Nähe der Wachstube der Soldaten → Entschluss des misstrauischen Woyzeck, sich zu Menschenmenge zu begeben
- **12. Szene, Wirtshaus:** Marie und Tambourmajor beim gemeinsamen Tanz heimlich von Woyzeck beobachtet: **Wut** und **Eifersucht**, aber auch **Bewunderung** der Schönheit Maries; pseudophilosophische Predigt eines Handwerksburschen
- **13. Szene, Freies Feld:** Woyzeck vernimmt Stimmen im Boden und im Wind, die ihm befehlen, Marie zu erstechen
- **14. Szene, Zimmer in der Kaserne:** schlafloser Woyzeck weiterhin von Stimmen verfolgt
- **15. Szene, Wirtshaus: Protzerei** des Tambourmajors; Wortgefecht und Kampf zwischen Tambourmajor und Woyzeck → Niederlage Woyzecks, leise **Drohung**
- **16. Szene, Trödlerladen:** Kauf eines Messers durch Woyzeck
- **17. Szene, Maries Kammer:** Marie von **Schuldgefühlen** geplagt, aber außerstande und unwillig, ihr Verhalten zu ändern → Suche nach tröstlichen Geschichten in der Bibel; Klage über Woyzecks Fernbleiben
- **18. Szene, Kaserne:** Woyzeck verschenkt seine Habseligkeiten an Andres, zieht eine ernüchternde Lebensbilanz und ignoriert Andres' medizinischen Ratschlag
- **19. Szene, Vor der Haustür:** Großmutters **Anti-Märchen** über ein armes Waisenkind mit Marie und mehreren Kindern als Zuhörern; Woyzecks barsche Aufforderung an die zögerliche Marie, mit ihm nach draußen zu kommen
- **20. Szene, Freies Feld:** Wunsch der zunehmend verängstigten Marie, nach Hause zu gehen → Woyzeck ersticht Marie und flieht vor herannahenden Menschen in die Nacht
- **21. Szene, Freies Feld:** zwei Passanten als Zeugen des Mordes
- **22. Szene, Wirtshaus:** Unterhaltung des singenden und tanzenden Woyzeck mit Käthe, die aber Blutspuren an ihm entdeckt → Flucht Woyzecks vor misstrauischen Wirtshausgästen
- **23. Szene, Stadt:** Verbreitung der Nachricht unter zwei Kindern, dass die Leiche einer Frau gefunden wurde → Eilen vieler Schaulustiger zum Tatort
- **24. Szene, Freies Feld:** Rückkehr Woyzecks an den Tatort, um die zurückgelassene Tatwaffe zu suchen; spöttische Fragen an Maries Leiche → erneute Flucht vor herannahenden Menschen
- **25. Szene, Teich:** Versenken des Messers im Teich und Abwaschen der Blutflecken
- **26. Szene, Freies Feld:** Begutachtung von Maries Leiche durch eine vierköpfige Mordkommission: Freude über den „schönen" Mord
- **27. Szene, Stadt:** Woyzecks Versuch, seinen Sohn Christian zu liebkosen, der sich aber abwendet → Woyzeck bezahlt den Narren Karl dafür, seinen Sohn mitzunehmen und ihm einen Lebkuchen zu kaufen

Auf einen Blick

> *Der Georg-Büchner-Preis gilt heute als wichtigste Auszeichnung für deutschsprachige Literatur. Ob Büchner sich darüber freuen würde?*

Aufbau und Form

- Dramenfragment *Woyzeck* als von Büchner nicht vollendetes Werk: **Szenenfolge nachträglich arrangiert** (anhand verschiedener Handschriften), keine Gliederung in Akte
- **Kürze** der Szenen = komprimierte, skizzenhafte Momentaufnahmen → **Aneinanderreihung** von Bildern
- Szenen werden ab 12. Szene kürzer, als Woyzeck Marie beim Tanzen sieht und Mordplan fasst → Handlung nimmt an **Geschwindigkeit** zu, unvermeidbares Zulaufen auf die Katastrophe
- **Zeitstruktur:** Handlung dauert ca. **48 Stunden** → äußerst gedrängte Zeitstruktur – auch aufgrund der **Simultaneität** einiger Szenen
- **Raumstruktur:** Stadt in Hessen (Dialekt!); Räume als wichtige **Bedeutungsträger:**
  – **Räume der Enge: Maries Kammer** → bedrückende Existenz, nur Kurzbesuche durch Woyzeck; Fenster als willkommene Verbindung zur Außenwelt; **Woyzecks Kaserne** → Halluzinationen, Schlaflosigkeit, Unruhe: notwendige Flucht nach draußen
  – **Räume der Öffentlichkeit:** Jahrmarkt, Gasse, Wirtshaus, freies Feld → für Marie Orte der **Freiheit** und des Vergnügens, aber auch ihres Todes → für Woyzeck Orte der **Demütigung** und **Verlorenheit**
  → Spiegelung der jeweiligen Befindlichkeit der Figur durch Räume (trotz beinahe vollständigem **Fehlen von Regieanweisungen** zum Aussehen der Schauplätze)
- *Woyzeck* galt lange Zeit als **Musterbeispiel eines offenen Dramas:** revolutionäre Aufhebung der Einheit von Ort, Zeit und Handlung (und von Stand und Sprache) → **Gegenargumente:**
  – stimmiges Gesamtgeschehen: Handlung um Woyzecks zunehmende Psychose im Zusammenspiel mit der Affäre zwischen Marie und Tambourmajor als sich **steigerndes Element**
  – **Verklammerung** der Szenen durch Motive (z. B. „Messer“ und „schneiden“, „heiß“ und „kalt“, Farben Schwarz und Rot) → bedrohliche **Atmosphäre**, **Vorausdeutung** auf Ende

Sprache und Stil

- Zweiteilung des sprachlichen Codes in *Woyzeck* → **schichtenspezifische Sprache**
- Sprache der **Funktionsträger der gesellschaftlichen Ordnung** (Hauptmann, Doctor):
  - Benennung durch Beruf bzw. Rang: keine echten Figuren, eher **Typen**
  - Sprache als Mittel zur **Ausübung von Herrschaft** und zur Zementierung des Status quo: Lenken des Gesprächs, Erteilen von Befehlen (direktive Sprechakte), **Selbstdarstellung** (Melancholie des Hauptmanns, wissenschaftlicher Ruhm des Doctors)
  - **Hauptmann:** Hochwertbegriffe (z. B. „moralisch") als Worthülsen für eine konfuse Argumentation, die **Gutmütigkeit** vortäuscht, aber Herablassungen und **Schadenfreude** enthält
  - **Doctor:** medizinisch-philosophische Fachbegriffe (im Dienste des vermeintlichen Erkenntnisgewinns) als rhetorischer Deckmantel für **zynische Menschenverachtung** und Degradierung des Menschen zum Versuchs- und Anschauungsobjekt
  - **Vortragscharakter** ihrer Äußerungen → Ungleichgewicht der Sprechanteile

  → keine kommunikative Hinwendung zu Mitmenschen (nur Er-Anrede an Woyzeck!), **keine Anteilnahme**, Festhalten am **Jargon**
- **Sprache der armen, einfachen Leute** als Opfer der gesellschaftlichen Verhältnisse:
  - Benennung durch echte Namen: Woyzeck, Marie, Andres etc. → Individuen, **Charaktere**
  - Sprache als **Ausdruck ihrer Notlage:** knapp, direkt, umgangssprachlich
  - Ellipsen, Satzabbrüche, Interjektionen → **Authentizität**, **Ehrlichkeit** der Figuren, Ausdruck ihrer **Unbeholfenheit** und Not
  - **Dialoge:** aneinander vorbeireden statt aufeinander eingehen → **sprachliche Isolation**
  - **Woyzeck: biblisch-apokalyptische Wendungen** als Hilfe, um seine psychotischen Erfahrungen mitteilbar zu machen; oftmals grüblerisch-doppeldeutige Sprache → dennoch Fähigkeit zur klaren Formulierung (z. B. zum Verhältnis von Geld und Moral)
  - **Marie: dinghaft-konkrete Sprache** als Mittel, ihre Lage zu beschreiben („ich bin nur ein arm Weibsbild."), ihr Begehren auszudrücken („Rühr mich an!") oder Unangenehmes zu leugnen („Und wenn auch.") → Ausdruck ihrer Sehnsucht nach besserem Leben
  - **Bibelstellen, Volkslieder, Märchen:** da Ausdrucksvermögen der Figuren ungenügend, Rückgriff auf vorgeformte sprachliche Versatzstücke (die als Trost und als Sinnangebote gedacht sind) → in *Woyzeck* Betonung des pessimistischen Weltbildes (z. B. Anti-Märchen der Großmutter) oder Vorausdeutungen auf tragische Ereignisse (z. B. Märchen-Zitate des Narren)
- weitere Figuren: aufdringliche Sprache des **Ausrufers** (auf Sensationsbedürfnis des Publikums gerichtet), derb-anzügliche Sprache des **Tambourmajors** (zur Protzerei und Triebbefriedigung)

Gattungsbestimmung und Epochenzugehörigkeit

- **Tragödie/bürgerliches Trauerspiel:** zwingendes Zulaufen auf die Schlusskatastrophe, ABER: Verstoß gegen alle Standeskriterien, da sog. vierter Stand („Proletariat") im Personal des Dramas
- *Woyzeck* als erstes **„soziales Drama":** Konflikt bedingt durch soziale Umstände (Armut, Ausbeutung, Unterdrückung), Untergang eines chancenlosen „underdog"
- **Vormärz:** Abwenden vom Idealismus der Klassik und Romantik, Hinwenden zur Realität und zur sozialen Ungerechtigkeit (im Naturalismus *Woyzeck* als Vorläufer interpretiert: soziales Elend, Determination; im Expressionismus sensibler und wahnsinniger Woyzeck als Schlüsselfigur)
- Wegbereiter der **Moderne:** Büchners psychologisches Interesse für Elend und Entfremdung, für Krisen der Identität; Innovativität der Sprache und der Dramenkonzeption von *Woyzeck*

Auf einen Blick

Eine Kulturzeitschrift bezeichnete Georg Büchner 2013 – in Abgrenzung vom Dichterfürsten Goethe – als „Dichter-Punk“.

Historisch-biografisch
- Debatte um Zurechnungsfähigkeit des historischen Woyzeck
- Büchners Erfahrungen mit Unterdrückung

Philosophisch
- Kritik an lebensferner Moral und am Idealismus
- Determinismus und Materialismus

Psychologisch
- Erniedrigung, Ausbeutung, Überlastung, Isolation
- Woyzecks Krankheit als Folge: Psychose

Soziologisch
- kein gesellschaftlicher Zusammenhalt
- keine Hilfe der Starken für die Schwachen
- soziale Ungerechtigkeit und ihre Folgen

→ keine Allgemeingültigkeit nur eines Deutungsansatzes, sondern immer Zusammenspiel mehrerer Lesarten

Historisch-biografische Lesart

- **historischer Johann Christian Woyzeck** (gelernter Perückenmacher, dann Soldat und Gelegenheitsarbeiter ohne festen Wohnsitz): Ermordung seiner Geliebten Johanna Christiane Woost 1821, Enthauptung auf Leipziger Marktplatz 1824 → Diskussion über die **Zurechnungsfähigkeit von Mördern**
- Büchners Lektüre der strittigen psychiatrischen Gutachten von Dr. Clarus über Woyzeck → Drama *Woyzeck* als sein Beitrag zur zeitgenössischen Debatte
- Büchners Interesse für politische Verhältnisse und Engagement für gerechtere Gesellschaft: „Friede den Hütten, Krieg den Palästen!“ *(Hessischer Landbote)* → historischer Woyzeck als „willkommenes“ Beispiel für die Folgen der **Verarmung ganzer Bevölkerungsschichten** im frühen 19. Jahrhundert (sog. vorindustrieller Pauperismus)
- Büchners Erfahrungen in der Restaurationszeit als politisch Unterdrückter und Verfolgter: **fehlende Solidarität** der Höherstehenden mit den Schwächeren der Gesellschaft → keine Veränderungen oder gar Revolutionen möglich

Psychologische Lesart

- **Woyzecks Entwicklung** vom einfachen Soldaten und unverheirateten Familienvater zum Wahnsinnigen und Mörder
- keine Hochzeit mit Marie möglich, da er als Soldat das vorgeschriebene Vermögen nicht aufbringen kann → Beziehung zu Marie gesellschaftlich **geächtet**
- wegen finanzieller Verantwortung (für Marie und ihr gemeinsames Kind) **Nebentätigkeiten** notwendig: Rasieren des Hauptmanns, Versuchsobjekt bei Doctor, Assistent bei Professor → trotz **Hetze** und **Überbelastung:** keine Befreiung aus seiner kümmerlichen Lage
- krank durch **Ernährungsexperiment** des Doctors: physische (erhöhter Puls, Zittern, Schwindelanfälle, Kopfschmerzen, Haarausfall) und psychische Symptome (Hören von Stimmen, Weltuntergangsvisionen, Verfolgungswahn) → **schwere Psychose**
- **Beleidigungen** und **Erniedrigungen** durch Hauptmann: Vorwürfe wegen unehelichem Kind, spöttische Anspielungen auf Affäre zwischen Marie und Tambourmajor

- Tambourmajor als körperlich überlegener **Rivale:** Ausspannen der Geliebten, Hohn und **Gewalt**
- durch **Maries Betrug** Verlust seines wichtigsten Halts im Leben → **Leidensdruck** wird zu groß: endgültiges Abgleiten in den Wahn, Planen und Ausführen des Mordes
- Auslöser der Mordtat: Eifersucht und Betrug → tiefere Ursachen: **entwürdigende Lebensbedingungen** eines geschundenen, deformierten und isolierten Menschen

Philosophische Lesart

- Kritik an Theorie der **Evolution** und des Fortschritts der Zivilisation (Teleologie): Betonung der Nähe zwischen menschlichem und tierischem Verhalten („vernünftige Viehigkeit" – „viehische Vernunft") → **Blasiertheit** der Menschen bei offenkundig animalischem Verhalten
- Frage nach der Umsetzbarkeit von **Moral:** uneingeschränkte Gültigkeit für jeden Menschen (laut Hauptmann) oder Frage von Vermögen und Stellung (laut Woyzeck) → schichtenspezifische Gebundenheit von Werten
- **Determinismus:** Abhängigkeit menschlicher Handlungen von jeweiligen **Lebensumständen** → keine Möglichkeit für den Einzelnen (v. a. den Niedriggestellten), Lauf der Dinge oder eigenes Leben bewusst zu steuern oder sogar zu verbessern
- Kritik am **Idealismus:** Idee der Selbstbestimmung des Menschen → Wille und Vernunft sollen Gefühle, Bedürfnisse, Triebe beherrschen (mit überlieferter Moral als Leitfaden)
- Gefühl der moralisch-intellektuellen Überlegenheit der Idealisten (Hauptmann, Doctor): keine Akzeptanz anderer Einflüsse (Individualität, Sozialisation, Bildung, Besitz usw.) → Arroganz, Ignoranz und **Unmenschlichkeit**
- Betonung des **Materialismus:** nicht Denken und Handeln gestalten die Lebensbedingungen, sondern die Lebensbedingungen prägen das Denken und Handeln → gesellschaftliche Umstände und Besitzverhältnisse formen den Menschen

Soziologische Lesart

- Starke helfen Schwachen nicht, Starke verachten sich gegenseitig (Hauptmann vs. Doctor), Starke schließen im Zweifel Bündnis gegen Schwache, Schwache betrügen und ermorden sich gegenseitig → **Fehlen des gesellschaftlichen Zusammenhalts**
- kein Schutz durch Hauptmann (Woyzecks Vorgesetzter!): kein Gefühl von Verantwortung für seinen Untergebenen → stattdessen **Abgrenzung nach unten** zum Erhalt der eigenen Position
- Fortführen der Experimente trotz Woyzecks offensichtlicher Krankheit → **Missachten des hippokratischen Eides**, Degradierung des Menschen zum Versuchsobjekt
- Selbstcharakterisierung Woyzecks („Wir arme Leut"/„ich bin ein armer Kerl"): **Bewusstsein des eigenen sozialen Ortes** als bedrückende Erfahrung → aber keine Wut auf den verantwortlichen „Unterdrückungsapparat", sondern auf seine Freundin Marie
- soziale Unterschiede als reine **Äußerlichkeiten** (vgl. 3. Szene: Tiere als Menschen verkleidet): Ungerechtigkeit der gesellschaftlichen Realität, willkürliche Verteilung von Privilegien und Besitz
- dysfunktionale Kommunikation und Sprachlosigkeit: gleichzeitig Symptome und Konsequenzen der **sozialen Spaltung**
- Armut mit all ihren Folgen als „Gift" für zwischenmenschliche Beziehungen und Gesellschaft
- Büchner: „Ich verachte Niemanden, am wenigsten wegen seines Verstandes oder seiner Bildung, weil es in Niemandes Gewalt liegt, kein Dummkopf oder kein Verbrecher zu werden, – weil wir durch gleiche Umstände wohl Alle gleich würden, und weil die Umstände außer uns liegen."

Auf einen Blick

Szenenfolge
- Hauptmann-Szene zu Beginn der Handlung
- Begutachtung von Maries Leiche als Schlussszene

neue Szenen
- Landschaftsidyll und Stadtpanorama mit Texteinblendung
- militärischer Drill Woyzecks

PRODUCTION: Woyzeck
DIRECTOR: W. Herzog
werkgetreue Verfilmung unter Wahrung von Büchners Aussageabsicht, jedoch mit eigenen Akzenten

veränderte Szenen
- Margreth bei Woyzecks Besuch anwesend
- Marie erhält Ohrringe nach Liebesnacht mit Tambourmajor
- Marie erzählt Anti-Märchen

filmische Inszenierung
- authentische Kulissen, Kostüme, Requisiten
- distanzierte und theatrale Kamera
- Zeitlupe und Zeitraffer
- musikalische Untermalung

Zum Film

- gedreht 1978 in ca. 18 Tagen in Telč (Tschechien), erschienen 1979 mit einer Länge von 77 min.
- **Drehbuch und Regie:** Werner Herzog (*1942) → Vertreter des **„Neuen Deutschen Films“** (ab 1960: gesellschaftliche und politische **Kritik im Vordergrund**, z. B. Wim Wenders, Volker Schlöndorff, Rainer Werner Fassbinder) und des **„Autorenfilms“** (Drehbuchautor = Regisseur, für alle künstlerischen Aspekte des Films verantwortlich)
- **Schauspieler:** Klaus Kinski (1926–1991) als Woyzeck, Eva Mattes (*1954) als Marie, Wolfgang Reichmann (1932–1991) als Hauptmann, Willy Semmelrogge (1923–1984) als Arzt, Josef Bierbichler (*1948) als Tambourmajor

Filmanalytische Aspekte

- Kulissen: weitestgehend **karg** und beinahe **leer** → ärmliche Verhältnisse
- Authentizität und Bedeutsamkeit der Kostüme: Woyzecks Soldatenuniform wie **Sträflingskostüm**, Maries weiße Kleider in Eifersuchtsszene als Anspielung auf **Schuldfrage**
- ausdrucksstarke Mimik, Gestik und Körpersprache der Figuren: z. B. Woyzecks Fingerknacken, Stottern, unruhige Augen, schwerer Atem → **Verstörtheit und Hetze**
- Montage: lange Einstellungsdauer, niedrige Schnittfrequenz, harte Schnitte ohne Übergänge → **Distanz** und **Bühnenhaftigkeit**, Fokus auf Dialog und Figuren
- Kamerabewegung: wenig Bewegung, oft Standkamera → **Intensität** des Gezeigten
- Tiefenschärfe: große Raumwirkung durch **Fenster** im Hintergrund (mit Sicht auf leere Stadt) → Reflexion des Verhältnisses von **Innen und Außen**
- Naturaufnahmen: anfangs Kameraschwenk durch **idyllische Landschaft** mit Kleinstadtpanorama (Texteinblendung: „In einer kleinen Stadt an einem großen, stillen Teich…“), Woyzecks Lauf durch weites Mohnfeld als Sinnbild für seine **Verlorenheit**, „Mordkommission“ am Teich als Schlussszene → Idylle der Anfangsszene **als Illusion entlarvt**
- **Zeitlupe** (in Mordszene: Zeit symbolisch aus den Fugen) und **Zeitraffer** (Woyzecks Lauf zu Beginn der Drillszene: innere Rastlosigkeit und Hetze)

- **Ausleuchtung:** grauer Himmel, Maries ärmlich beleuchtetes Zimmer, dunkle Ecken des Wirtshauses → **Schattenseiten** des Lebens, seelische **Abgründe**
- **Filmmusik:** Beethoven im Spieluhr-Klang in der Anfangsszene → Untermalung der **Idylle**; dissonante Fiedelmusik in Drillszene → Verdeutlichung der **Zerrissenheit** Woyzecks; **Wechsel** von schneller (aggressiv wirkender) Fiedel (während des Mordes) zu langsamer Oboe (bei Woyzecks Trauer vor Maries Leiche)

Vergleich zwischen Film und Buchvorlage

- **24 Kapitel des Films** vs. 27 Szenen des Dramas (in aktuell gültiger Textfassung)
- Änderungen im **Figurenpersonal:** Doctor = Professor, keine Großmutter, kein Narr Karl
- Orientierung des Films an Karl Franzos' umstrittener *Woyzeck*-Fassung von 1879: **andere Dialoge und Szenenfolge** als in der aktuell gültigen Textfassung → Unterschiede in der Anordnung der Szenen sorgen für andere inhaltliche Akzente:
  - **Hauptmann-Szene** am Anfang → dienstliche Abhängigkeit als Einführung in die Geschichte
  - Begutachtung von **Maries Leiche als Endpunkt** (Ertrinken Woyzecks möglich) → in aktueller Textfassung **Woyzecks Schicksal offen** (Flucht, Gefängnis oder Hinrichtung)
  - Doctor-Szenen im Film weiter vorn angesiedelt als in aktueller Textfassung

  → Film: Schwerpunkt (v. a. in erster Hälfte der Handlung) auf **Woyzecks Ausbeutung**; aktuelle Textfassung: Schwerpunkt auf **Beziehung** von Marie und Woyzeck
- **Hinzufügen** von neuen und **Veränderung** von bestehenden Szenen:
  - **Drill Woyzecks:** Laufen, Kniebeugen, Kriechen, Liegestütze bis zum Zusammenbruch unter Stockhieben und Tritten (nur Schuhe des Befehlshabers sichtbar, Kamera auf Augenhöhe Woyzecks), dann Großaufnahme von Woyzecks entkräftetem Antlitz mit galgenähnlichen Seilen im Hintergrund → **Vorausdeutung** auf Woyzecks geplagte Existenz
  - **Nachbarin Margreth** in Maries Kammer beim Besuch Woyzecks: „Er hat sein Kind nicht angesehn" aus Margreths Mund (nicht aus Maries) → Umfeld als Zeuge von Woyzecks Irrsinn
  - Begegnung **Marie – Tambourmajor** in Zimmer statt in Gasse → intimer Raum, sexuelle Avancen und Gesten → Liebesnacht zwischen Marie und Tambourmajor klarer angedeutet
  - Marie erhält Ohrringe erst nach der Liebesnacht mit Tambourmajor (in aktueller Textfassung nach der Begegnung auf dem Jahrmarkt) → stärkere **Sexualisierung der Affäre** im Film
  - Eifersuchtsszene **Marie – Woyzeck:** Begrapschen Maries durch Woyzeck, Woyzecks Drohgeste (Messer-Pose!) und Ausspruch in die Kamera („Jeder Mensch ist ein Abgrund; es schwindelt einem, wenn man hinabsieht.") → **Intensivierung** des Konflikts
  - Erzählen des Anti-Märchens durch Marie (nicht durch Großmutter) in hoffnungslosem Tonfall → stärkerer Bezug des Anti-Märchens auf Marie: **Vorwegnahme** ihres Schicksals
  - prachtvoller (im Text nicht erwähnter) **Sarg** für Marie: Wecken von **Empathie** für ihre Person
- **Fazit:** W. Herzog zeigt **Werktreue** (zu veralteter *Woyzeck*-Fassung), wahrt **Büchners Aussageabsicht**, **intensiviert** einige Aspekte und setzt **eigene Akzente**

Kritik damals und heute

- Hellmuth Karasek (*SPIEGEL*, Mai 1979): Film als blutleere, aufgezeichnete Theateraufführung
- Hans C. Blumenberg (*ZEIT*, Juni 1979): Lob für Einsatz filmischer Mittel und die Nähe zum Buch
- Preis für Eva Mattes als „Beste Nebendarstellerin" bei Filmfestspielen in Cannes 1979
- heutige Einschätzung: Werner Herzogs *Woyzeck* als **Klassiker der werktreuen Literaturverfilmung** und des mit postmodernen Mitteln inszenierten „Autorenfilms"

Auf einen Blick

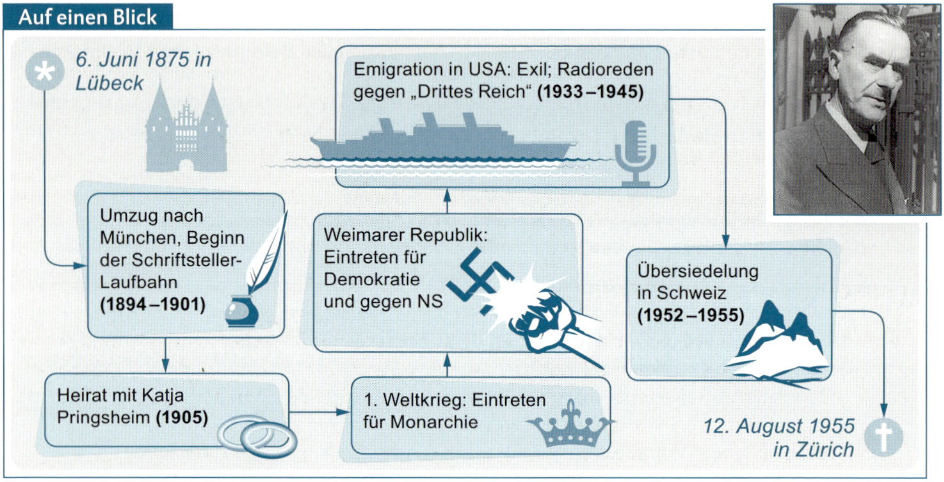

Kindheit (1875–1891)

- Geburt am 6. Juni 1875 in der Freien Hansestadt **Lübeck**
- **Vater** Thomas Johann Heinrich Mann, wohlhabender Getreidegroßhändler und angesehener Senator → legt Wert auf **bürgerliche Tugenden** (Korrektheit, Ordnungswillen, Leistungsethos)
- **Mutter** Julia da Silva-Bruhns (Tochter eines deutschen Plantagenbesitzers in Brasilien und einer Brasilianerin) → **temperamentvoller**, unbürgerlicher, **künstlerischer** Charakter
- vier **Geschwister:** älterer Bruder **Heinrich**, der auch Schriftsteller wird
- Privatunterricht, dann bis 1894 Besuch des Katharineums (Gymnasium); mäßige Leistungen
- 1891: Tod des Vaters → im Testament verfügte **Auflösung der Firma**, Zinsen für Frau und Kinder (Söhne nicht an Nachfolge in Firmenleitung interessiert)

Berufliche und private Orientierung (1894–1913)

- 1894: Thomas folgt Mutter nach **München**
- Volontär bei Versicherungsgesellschaft = kurzzeitiger Versuch, bürgerliche Existenz aufzubauen
- Gasthörer an Technischer Hochschule, dann aber Hinwendung zu Kunst und Literatur; **schriftstellerische Versuche** (literarische Texte sowie journalistische Beiträge in Zeitschriften)
- 1895–1898: mehrere **Reisen** von Thomas und seinem Bruder Heinrich nach Italien; Beginn der Arbeit am Roman *Die Buddenbrooks*
- 1898/99: Lektor für die Satire-Zeitschrift *Simplicissimus*
- 1901: Erscheinen der *Buddenbrooks* → **Durchbruch als Schriftsteller**
- 1905: trotz homoerotischer Neigungen Heirat mit **Katja Pringsheim** (Tochter eines Münchner Professors, aus Gelehrten- und Bankiersfamilie) → sechs Kinder; Katja organisiert Familienleben
- Veröffentlichung mehrerer Novellen (u. a. *Gladius Dei*, *Tonio Kröger*, *Der Tod in Venedig*)

Krieg und Republik: Politische Orientierung (1914–1930)

- **Erster Weltkrieg:** Kriegsbegeisterung; konservative, **monarchische Position** → **Zerwürfnis mit Heinrich**, der sozialdemokratischen und liberalen Ideen nahesteht

- 1918: Streitschrift *Betrachtungen eines Unpolitischen* → Angriff auf Heinrich (Versöhnung 1922)
- Distanzierung von früherer demokratiefeindlicher Position und **Bekenntnis zur Weimarer Republik**
- Veröffentlichung zentraler Werke: *Der Zauberberg* (1924); *Unordnung und frühes Leid* (1926)
- 1926: Urlaubsreise ins faschistische Italien (Forte dei Marmi bei Viareggio) → Stoff und Anregung für *Mario und der Zauberer*
- 1929: Auszeichnung mit **Literaturnobelpreis** (für *Buddenbrooks*)
- kritische Einstellung gegen Nationalsozialismus → Anfeindung wegen „Landesverrat"
- 1930: **Veröffentlichung von *Mario und der Zauberer***

NS-Zeit und Exil (1930 –1945)

- 1933: kehrt auf Drängen seiner Kinder Erika und Klaus von europäischer Vortragsreise nicht nach München zurück → **Emigration und Exil** (unterschiedliche Stationen: Südfrankreich, Schweiz, USA; Erhalt der tschechoslowakischen Staatsbürgerschaft) → Aberkennung der deutschen Staatsbürgerschaft, Beschlagnahmung seines Besitzes
- 1938: „Anschluss" Österreichs → Entschluss zur **Auswanderung in die USA**
- bis 1952 in Amerika (1944 US-Staatsbürgerschaft): Gastprofessur in Princeton, dann Pacific Palisades, Kalifornien → **geistiges Zentrum der emigrierten deutschen Intellektuellen**
- 1942/45: **BBC-Radioreden** *Deutsche Hörer!* → Aufruf zum Widerstand gegen Hitlerdiktatur

Nachkriegszeit und Tod (1947–1955)

- 1947: Roman *Doktor Faustus*
- nach dem Krieg Reisen nach Europa: nimmt 1949 sowohl in Frankfurt **westdeutschen** als auch in Weimar den **ostdeutschen Goethe-Preis** entgegen → Bekenntnis zu Deutschland als Ganzem; Einsatz für Überwindung der politischen Spaltung
- **Anfeindungen** in Bundesrepublik, da er Deutschland durch Emigration im Stich gelassen habe
- in USA Verdächtigungen, Mann würde Kommunisten nahestehen → Entschluss, nach Europa **umzusiedeln:** ab 1952 in Kilchberg bei **Zürich**
- 1954: Veröffentlichung des Romanfragments *Bekenntnisse des Hochstaplers Felix Krull*
- **Tod** am 12. August 1955 in Kantonhospital in Zürich infolge einer Thrombose

Werkauswahl

- Roman ***Buddenbrooks*** (1901): Autobiografisch geprägte Geschichte vom Aufstieg und Niedergang einer Lübecker Kaufmannsfamilie innerhalb von vier Generationen
- Novelle ***Tonio Kröger*** (1903): Der junge Protagonist ist zerrissen zwischen bürgerlichem Leben und Künstlertum, reift zu Dichter heran und muss hinnehmen, dass er Außenseiter ist
- Novelle ***Der Tod in Venedig*** (1911): Der alternde Schriftsteller Aschenbach verfällt bei einer Reise in die morbide Lagunenstadt der Schönheit eines Knaben, gibt sein Leistungsdenken und seine Würde auf und verzichtet darauf, sich vor der Choleraepidemie in Sicherheit zu bringen
- Roman ***Der Zauberberg*** (1924): Der Krankenbesuch des jungen Ingenieurs Hans Castorp bei einem Verwandten in einem Schweizer Sanatorium wächst sich zu einem siebenjährigen Aufenthalt aus. Währenddessen kommt er mit der Liebe, dem Tod und unterschiedlichen Weltanschauungen in Berührung. Erst der Kriegsausbruch 1914 holt ihn zurück ins Flachland.
- Roman ***Doktor Faustus*** (1947) über den Pakt des Komponisten Adrian Leverkühn mit dem Teufel bzw. Deutschlands mit dem Nationalsozialismus (Variation des Faust-Stoffs)

Auf einen Blick

Auch Thomas Mann wurde als „Zauberer“ bezeichnet. Aufgrund einer Faschingsverkleidung nannte ihn die Familie so und auch er selbst nutzte im Privaten den Spitznamen, wenn er etwa Briefe mit „Z.“ unterschrieb.

empfängliche Opfer

Signora Angiolieri
C. lockt sie erotisch ←

junger Italiener
C. nutzt ihn als Bank ←

mehrere Zuschauer
C. lässt sie tanzen ←

„Freiheitskämpfer“

Widerspruch ← / → **Giovanotto**
C. lässt ihn die Zunge blecken, sich krümmen

Widerstand ← / → **Herr aus Rom**
C. zwingt ihn, Arm zu heben, zu tanzen

verführt zum Kuss → / *tötet* ← **Mario**

Erzähler – passiver Beobachter, zwischen Abscheu und Faszination

1. Sinnabschnitt: Die Ankunft der Erzählerfamilie und die Ereignisse am Strand

- Erzählung im **Rückblick: Urlaubserlebnis** des namenlos bleibenden Ich-Erzählers und seiner Familie im **italienischen Badeort** Torre di Venere in den **1920er-Jahren**

Angespannte Urlaubsstimmung

- Sommermonate: Dominanz italienischer Urlauber → Benachteiligung ausländischer Gäste
- im **Hotel:**
  - dem Erzähler wird gewünschtes Zimmer vorenthalten
  - Beschwerde einer römischen Fürstin über hustenden Sohn des Erzählers → freiwilliger **Umzug** der Familie in Pension zu Signora Angiolieri
- Gereiztheit am **Strand:**
  - im Verhalten der spielenden italienischen Kinder spiegelt sich **nationalistische Einstellung** der Eltern
  - Empörung des Erzählers über streitsüchtigen und wehleidigen Knaben **Fuggièro**
- **8-jährige Tochter** des Erzählers läuft **nackt** zu Strand → **Skandal** und Aufruhr: Italiener werfen Familie Verletzung der italienischen Ehre vor, Geldstrafe

Reaktion der Familie

- **Überlegungen abzureisen**, aber Familie entscheidet sich zu bleiben, auch um Stimmung weiter beobachten zu können
- Nachsaison: Hitze lässt nach, Publikum wird internationaler

2. Sinnabschnitt: Die Veranstaltung, das Geschehen vor der Pause

- **Plakat** für Veranstaltung des Zauberers Cipolla weckt Neugier der Kinder → Familie besucht Auftritt (im Publikum auch der beliebte Kellner Mario)

Der Zauberkünstler

- genaue Beschreibung der **verwachsenen Gestalt** und der altmodischen Kleidung des Cavaliere Cipolla → Abneigung des Erzählers
- latent **aggressive Stimmung** zwischen Künstler und Publikum
- Zauberer stellt sich selbst vor: rühmt seine **patriotische Einstellung** und Leistungen, Nähe zum faschistischen Diktator Mussolini
- große **Eloquenz** Cipollas, aber Sticheln gegen attraktive junge Männer im Publikum

Cipollas Vorführung

- **Störungen** aus dem Publikum → **Cipolla demütigt Zwischenrufer**, indem er sie gegen ihren Willen handeln lässt: hypnotisiert jungen Mann (Giovanotto), sodass er sich vor Schmerzen krümmt
- mathematische Versuche, Kartentricks, Kunststücke (Cipolla findet versteckte Gegenstände)
- **Bewunderung**, aber auch **Angst** des Publikums
- Erzähler sucht nach rationaler Erklärung
- Cipollas Erläuterungen: betont seine **Anstrengung**, selbst zum Werkzeug zu werden und geheime Anweisungen des Publikums auszuführen → ständige **Stärkung mit Zigaretten und Alkohol**

3. Sinnabschnitt: Die Veranstaltung, Überlegungen in der Pause

- **Erzähler will Veranstaltung verlassen** → Widerstand der Kinder
- **Bleiben** aufgrund von Neugier auf weiteres Programm und Faszination des Zauberers

4. Sinnabschnitt: Die Veranstaltung, das Geschehen nach der Pause

Cipollas Hypnose-Vorführung

- „Willensentziehung und -aufnötigung“
- Cipollas **Peitsche** als Symbol seiner Herrschaft
- Mitleid des Publikums mit hypnotisiertem Mann, der auf zwei Stuhllehnen liegt und auf den sich Cipolla setzt → **Cipollas Forderung, ihm Mitleid zu erweisen**
- Zauberer suggeriert Wirtin Angiolieri, er würde sie verführen → Machtlosigkeit ihres Mannes
- Cipolla lässt Zuschauer auf der Bühne gegen ihren Willen tanzen → zunehmende Enthemmung: **Tanzorgie** → Begeisterung der Kinder
- Missfallen des Erzählers

Mario als Demonstrationsobjekt

- Cipolla holt **Kellner Mario** auf die Bühne, den er wegen seines Erfolgs bei Frauen verhöhnt und ihm so das **Eingeständnis seines Liebeskummers** entlockt
- **Zauberer** beschwört Vorzüge Silvestras (Marios Geliebte), übernimmt selbst ihre Rolle, **bringt Mario dazu, ihn zu küssen**
- Cipolla holt Mario aus hypnotisiertem Zustand → Ekel Marios, **erschießt den Zauberer** → allgemeiner **Aufruhr**, Entwaffnung Marios
- **Erzähler verlässt mit Familie fluchtartig den Saal**; Kinder verstehen Tragweite des Geschehens nicht → heimliche Erleichterung des Erzählers über „Ende mit Schrecken“

Auf einen Blick

Thomas Mann war kein begeisterter Sportler. Auch den Strandurlaub in Italien verbrachte er beobachtend, schreibend und lesend am, aber nicht schwimmend im Meer.

Exposition

- Spannungen am Strand, im Hotel: italienischer Nationalstolz
- „Ortsdämon“: ideologisch aufgeladene Atmosphäre
- „Skandal“: Nacktheit der kleinen Tochter des Erzählers erbost Italiener

Familie des Erzählers reist nicht ab: Neugier, Faszination

Ähnlichkeiten der Phänomene

Verhalten des Erzählers

Vorstellung

- nationalistische Aussagen Cipollas: betont Nähe zum Faschismus
- menschenverachtende, demütigende Behandlung der Versuchspersonen
- Hypnose: Willensentzug, Fremdbestimmung
- kaum Widerstand bis zu Marios Mord

Familie des Erzählers verlässt Saal nicht: Neugier, im Bann Cipollas

Aufbau und Form

- Erzählung ohne Kapiteleinteilung, aber **zwei deutliche Blöcke:**
  - **Exposition** und
  - **Abendveranstaltung**, die sich untergliedern lässt in: erster Teil – Pause – zweiter Teil
- **Strukturierung** durch:
  - **Erzählerreflexionen:** Zäsuren in der Handlung (nach Skandal am Strand und in Pause von Cipollas Vorführung wird die Frage gestellt, warum Familie den Urlaub bzw. Besuch der Veranstaltung nicht vorzeitig beendet)
  - **Rahmung:** im ersten Abschnitt Vorausdeutung auf schlimmes Ende → Spannung
  - innere **Verwandtschaft der Episoden:** Zuspitzung auf zentrales Ereignis hin bei Exposition (Skandal am Strand) und bei Abendvorstellung (Tötung Cipollas)
- **Zuspitzung von Exposition zu Hauptteil:** am Strand Fremdenfeindlichkeit → bei Cipolla Erniedrigung der Zuschauer (v.a. Marios) = moralischer Tiefpunkt
- ungewöhnlich: beide Titelfiguren spielen in Exposition noch keine Rolle → stattdessen Hinführung in Stimmung, Örtlichkeit, Zeitgeist; Einführung der Erzählerfamilie

Erzählweise

- **rückblickende Erzählung eines Ich-Erzählers**, aber oft auch in **Wir-Form**, d.h. aus Familienperspektive, erzählt
  - **Abgrenzung** des Wir gegenüber feindlicher Umgebung
  - **Verallgemeinerbarkeit** der Wertungen des Erzählers
- aufgrund der Perspektive: **selektive Wahrnehmung** und Darstellung
- **Erzählung aus zeitlichem Abstand und mit veränderter Einstellung** des Erzählers zu vergangenem Erlebnis: Selbstkritik und Bewertung seines damaligen Verhaltens
- direkte **Anreden des Lesers**, Schilderung der Örtlichkeiten, Tipps für Reisen
  → Eindruck eines Reiseberichts (vgl. Untertitel „Ein tragisches Reiseerlebnis“)
  → Einbeziehen des Lesers ins Geschehen, **Identifikation mit Ich-Erzähler**

- **kaum Informationen über Erzähler** und seine Familie (keine Namen, biografischen Details)
- **Doppelrolle** des Erzählers: **Subjekt und Objekt** des Erzählens, erzählt über eigene Erlebnisse, aber kaum Unterschied erzählendes – erlebendes Ich (Reflexionen, Kommentare durchsetzen Handlung)
- zahlreiche **Erzählerkommentare: Vorausdeutungen** → Andeutung von Gefahr
- zwei **Erzählerreflexionen:** nach Exposition und in Pause von Cipollas Vorstellung → Suche nach Gründen, warum Familie nicht abgereist ist → Anspielungen auf Schlusskatastrophe
- **Zeitgestaltung:**
  - Exposition: v.a. raffender Erzählerbericht
  - Cipollas Vorstellung: szenische Darstellung (durch Dialoge zeitdeckende Erzählweise)
  - Beschreibung des Kusses von Cipolla: Zeitdehnung

Literarische Form: Novelle

- geradlinige Erzählung, auf **zentralen Konflikt** ausgerichtet, Fokus liegt auf Zaubervorstellung; keine Nebenhandlungen → **Geschlossenheit**
- **„unerhörte Begebenheit":** Zauberer „vergewaltigt" Mario emotional, indem er ihn zum Kuss verleitet (= Höhe- und Wendepunkt)
- **Realitätsnähe:** literarisch verarbeitetes biografisches Erlebnis Th. Manns
- **dramatische Gestaltung** mancher Passagen (Vorführung, v.a. Demütigung Marios)
- **Symbolcharakter** des Geschehens: deutbar als Gleichnis für massenpsychologische Beeinflussung und /oder faschistische Machtausübung

Sprachliche Gestaltung

- **gehobene Sprache:** hypotaktische Sätze, Fremdwörter, ironische Bewertungen → erlaubt Rückschlüsse auf **Charakter des Erzählers: Intellektueller**, konfliktscheuer Beobachter, der sich in seinen Urteilen über andere erhebt
- Wiedergabe **italienischer Redewendungen** → Lokalkolorit, Authentizität
- **Motive und Symbole:**
  - **Einfluss des Wetters** auf Menschen; Spiegelung des gesellschaftlich-politischen Zustands (z.B. „Schreckensherrschaft der Sonne")
  - **Doppeldeutigkeit von Atmosphäre:** Wetter / Stimmung
  - **Tanzen:** Auflösung der Ordnung, Moment der Willenlosigkeit, Ekstase
  - **Hässlichkeit und Krankheit** Cipollas als Spiegelung des politischen Zustands des faschistischen Italiens
- **Leitwörter** „national", „patriotisch", „Würde": nationalistische Aufheizung des gesellschaftlichen Klimas
- **groteske Wirkungen:** verkrüppelte Erscheinung Cipollas; Gegensatz zwischen seinen ethischen Appellen und der Demütigung seiner Versuchsobjekte
- **Ironie** als typischer Kunstgriff bei Thomas Mann: **Relativieren aller Figuren** und ihrer Meinung → erlaubt es, sich über Gegensätze zu positionieren
  - Erzähler **distanziert sich** durch Ironie von Figuren und hinterfragt sie: römische Fürstin glaubt, dass Keuchhusten „akustisch ansteckend" ist; Fuggièros Heulen nach Biss durch einen Krebs als „antikisches Heldenjammergeschrei" verspottet
  - bei **Darstellung Cipollas** = Bemühen des Erzählers, kritische Distanz zu gewinnen, aber **Schwanken zwischen Faszination und Grauen**

Auf einen Blick

Psychologisch
- Massenpsychologische Mechanismen: Einzelner genießt Aufgehen in Masse
- Cipolla beansprucht, Gemeinschaftswillen umzusetzen
- Lehre: Widerstand braucht positives Ziel

Politisch
- Novelle als Faschismusstudie
- Fremdenfeindlichkeit im faschistischen Italien
- Diktator Cipolla unterwirft sich Masse

Künstlerisch
- Cipolla als negative Künstlerfigur
- Geist (Cipolla) kämpft gegen Leben

Biografisch
- Verarbeitung einer Urlaubsanekdote
- Spiegelung von Manns homoerotischen Neigungen

In der Forschung existiert die These, dass Thomas Manns unausgelebte homoerotische Neigungen der eigentliche Motor für seine schriftstellerische Tätigkeit waren. Er sublimierte sie quasi in Texte, in denen es oft unterschwellig um gleichgeschlechtliche Anziehung geht.

keine Allgemeingültigkeit nur eines Deutungsansatzes, sondern immer Zusammenspiel mehrerer Lesarten

Biografische Lesart

Urlaubsanekdote

- **Verarbeitung eines persönlichen Urlaubserlebnisses** der Manns vom Sommer 1926 in Forte dei Marmi (am Ligurischen Meer)
- **Schlusswendung** (Erschießung des Zauberers) als **Erfindung** von Thomas Mann ↔ in Realität reagierte Kellner verschämt auf Zurschaustellung → in Erzählung ist Widerstand möglich

Verarbeitung von Manns Homosexualität

- **Spiegelung von Manns eigenen homoerotischen Neigungen:** Kuss Cipollas lässt sich als **Zwangsouting Marios** deuten → Zauberer stellt homosexuelle Neigungen des Kellners bloß
- **Anspielung auf antiken Ganymed-Mythos:** Zeus verwandelt sich in Adler, um hübschen Knaben Ganymed zu rauben, der dann sein Mundschenk wird = in Antike **Urbild für Liebe eines reifen Mannes zu Knaben** → Cipolla nennt Mario „Schenk", nimmt wie Zeus eine andere Rolle an, um jungem Mann nahezukommen

Politische Lesart

Warnung vor Faschismus

- Entstehung der Novelle 1929 (drei Jahre nach Erlebnis) → Vermutung, dass zwischenzeitlich die faschistische Politik in Italien unter Mussolini und Erstarken des Nationalsozialismus in Deutschland den Blick Th. Manns geschärft hat
- Erzählung als **Faschismusstudie:** „Ortsdämon" als Umschreibung für unangenehme, gereizte, politisierte Atmosphäre
- **faschistische Doppelmoral:** Nacktheit als anrüchig empfunden ↔ Freude über sexuelle Anspielungen Cipollas
- **Hineinwirken der Ideologie in den Alltag** (Strand, Hotel): Behauptung der Ehre / Würde einer Nation → im Text sarkastische Darstellung der fremdenfeindlichen, nationalistischen Auswüchse = Angriff auf intolerante Ideologie
- **Cipollas** Betonung der Leistungen Italiens und seiner **Nähe zu Mussolini**

Tyrann und Tyrannenmord

- **Zauberer als Diktator im Kleinen:** rhetorisches Talent und Selbstinszenierung (Demagogie); **Machtmissbrauch**, aber auch Scheitern
- Zusammengehörigkeit von **Befehl und Gehorsam:** Unterwerfung des Volks (= Publikums) unter Führer (= Cipolla)
- **Irrationalität**, Verlust der individuellen Selbstbestimmung, **Faszination für zweifelhafte Führergestalt** = Analogie zum italienischen Faschismus
- Faschismus zielt auf **Entmündigung des Einzelnen**, um Macht zu steigern
- kaum Versuche, Widerstand zu leisten (Giovanotto, der Römer, Mario)
- Marios Tat als **Tyrannenmord**, Befreiung von Cipollas autoritärer Diktatur
- Text als **Warnung an deutsche Leserschaft**, sich nicht willenlos einer brutalen Demagogie zu ergeben (Italien als mahnendes Beispiel für Deutschland)

Psychologische Lesart

Verhalten der Figuren

- Reflexion des Erzählers: Widerstand gegen eine irrationale Macht ist zum Scheitern verurteilt, wenn **Willen** nicht **auf ein positives Ziel** gelenkt wird („eine Sache nicht tun wollen, das ist auf Dauer kein Lebensinhalt") → **Ich-Erzähler** gerät trotz seiner kritischen Haltung immer mehr in **Cipollas Bann** und schafft es nicht, aus eigener Kraft zu gehen
- **Cipolla:**
  - **Sadismus:** Bloßstellen und Verhöhnen seiner Versuchspersonen = Kompensation für seine eigene Benachteiligung und sein missgestaltetes Äußeres?
  - **Sexualneid:** verwandelt eigene körperliche Benachteiligung in Triumpf, indem er Mario Kuss entlockt
  - bedient **Masochismus des Publikums**, das es genießt, sich gehen zu lassen
- **Marios Mord = Akt der Selbstbewahrung**

massenpsychologische Zusammenhänge (nach Gustave le Bon)

- genussvolles **Aufgehen des Einzelnen in der Masse** = Machtgefühl, Freiheit von Verantwortung, Neigung, den eigenen Trieben nachzugehen → leichte **Beeinflussbarkeit der Masse:** das Kollektiv gerät in hypnotischen Zustand, in dem Verstand und Wille ausgeschaltet sind
- Cipolla bringt Zuschauer als Kollektiv unter seine Gewalt, unterbindet Widerstand Einzelner und **verschafft Publikum Genuss der Willensfreiheit** (Sich-gehen-Lassen in der Tanzszene)
- **Cipolla tritt als Führer auf**, der „Gemeinschaftswillen" kanalisiert und leitet → stilisiert sich als Opfer, übt aber eigentlich Macht aus

Künstlerische Lesart

- in Texten von Th. Mann oft **Gegensatz von Künstlertum und Bürgertum/Leben**
- laut Friedrich Nietzsche müsse **Künstler außerhalb des Lebens** stehen → passt zu Cipollas körperlicher Benachteiligung und Außenseitertum
- **Cipolla als Künstler** („Zauberkünstler", „Geschicklichkeitskünstler"): rhetorische, psychologische, hypnotische Fähigkeiten → bannt Publikum, geheime Bewunderung des Erzählers
- Cipolla als **Verkörperung der Macht des Geistes**, die das Schöne und Lebendige bekämpft → Auseinandersetzung zwischen Geist (= Cipolla) und Leben (jugendlicher Giovanotto) = Negativbild einer Kunst, die Geist verabsolutiert

Auf einen Blick

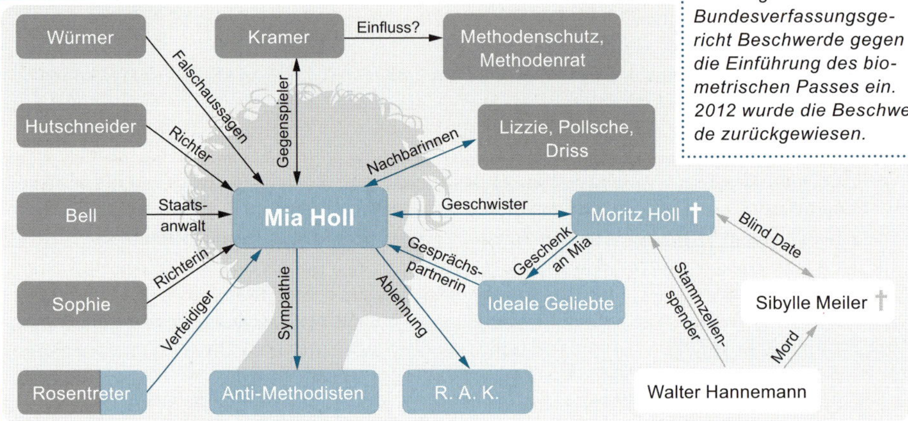

2008 legte Juli Zeh beim Bundesverfassungsgericht Beschwerde gegen die Einführung des biometrischen Passes ein. 2012 wurde die Beschwerde zurückgewiesen.

Biografie: Juli Zeh (*1974)

- 30. Juni 1974: geboren in Bonn, **Jurastudium** in Passau und Leipzig (v. a. Völker-, Europarecht)
- 1996–2000: Studium am **Deutschen Literaturinstitut Leipzig**, 2001: Roman *Adler und Engel*
- 2007: Uraufführung des **Theaterstückes** *Corpus Delicti* bei der Ruhrtriennale in Essen (ursprünglich Stück über Mittelalter in Auftrag gegeben), 2009: **Romanversion** von *Corpus Delicti*
- 2010: Promotion zur Dr. iur. in Saarbrücken
- seit 2005 vermehrtes **Engagement für Grund- und Bürgerrechte**, auch Arbeit als Journalistin und Essayistin (u. a. 2009 mit Ilija Trojanow: Essaysammlung *Angriff auf die Freiheit: Sicherheitswahn, Überwachungsstaat und der Abbau bürgerlicher Rechte*)
- Werke: *Spieltrieb* (2004), *Schilf* (2007), *Nullzeit* (2012), *Unterleuten* (2016), *Leere Herzen* (2017)

Corpus Delicti, Ein Prozess

- ***Das Vorwort:*** aus Schrift von Heinrich Kramer→ **Gesundheit** als höchstes Ziel des Menschen
- ***Das Urteil:*** **Biologin Mia Holl** zum Einfrieren auf unbestimmte Zeit verurteilt
- *Mitten am Tag, in der Mitte des Jahrhunderts:* Verhandlung zwischen **Richterin Sophie**, Staatsanwalt Bell und Rechtsanwalt Rosentreter über Strafen für Gesundheitsverbrecher; Eintreten des Journalisten **Kramer**; Klärungsgespräch mit Mia Holl beschlossen
- *Pfeffer:* Kramer auf dem Weg zu Mia → Begegnung mit drei Nachbarinnen im Treppenhaus
- *Die ideale Geliebte:* Mia erinnert sich (mit der imaginären idealen Geliebten) an ihren Bruder Moritz
- *Eine hübsche Geste:* Vorwurf Mias an Kramer, er sei an **Moritz' Suizid** im Gefängnis schuld
- *Genetischer Fingerabdruck:* Bericht über Moritz (Vorwurf der Vergewaltigung und des Mordes)
- *Keine verstiegenen Ideologien:* Mia und Kramer über die Sinnhaftigkeit der **METHODE**
- *Durch Plexiglas:* Tausch zwischen Mia und Moritz: **ideale Geliebte** gegen Schnur (für Suizid)
- *Eine besondere Begabung zum Schmerz:* Mias misslungener Versuch, ihre Wohnung zu putzen
- *Bohnendose:* Mias erfolgreiche **Gesundheitsuntersuchung** beim Amtsarzt
- *Saftpresse:* Sophies Hilfsangebot (Betreuung, Kur) von Mia abgelehnt (ihr Schmerz sei privat)
- *Nicht dafür gemacht, verstanden zu werden:* Einblick in Mias **Trauer** und stumme **Qual**

- *Privatangelegenheit:* Zugeständnis von Sophie → **Ruhe** und Zeit für Mia
- *Fell und Hörner, erster Teil:* Moritz' und Mias Gespräch über **Moritz' Liebesleben**
- *Rauch:* Liebesfantasie der Nachbarin Driss über Mia; **Mia beim Rauchen** im Flur entdeckt
- *Keine Güteverhandlung:* Geldstrafe für Mia wegen Rauchens, **Rosentreter** als ihr neuer Anwalt
- *Ein netter Junge:* Rosentreters Beteuerung, sich für Mia einzusetzen; Anfechtung der Geldstrafe
- *Wächter:* Hilfsangebot der drei Nachbarinnen von Mia abgelehnt
- *In der Kommandozentrale:* Streitgespräch Mia – ideale Geliebte: Sport werde Mia nicht heilen
- *Recht auf Krankheit:* TV-Talk bei Würmer: Kramer über die Entstehung der METHODE als neue Gesellschaftsordnung und über den Irrweg der **Anti-Methodisten**
- *Das Ende vom Fisch:* Streit zwischen Mia und Moritz über **Anpassung** und **Rebellion**
- *Der Hammer:* Mias **Härtefallantrag** abgelehnt; Verurteilung zu zwei Jahren Haft auf Bewährung
- *Which side are you on:* Rosentreters Wille, vor höherer Instanz zu klagen, von Mia akzeptiert
- *Unzulässig:* Rosentreters verbotene Liebe zu einer Frau; Vorhaben: **Moritz' Unschuld** beweisen
- *Schnecken:* Mia spricht über Moritz' Liebe zur Natur und zu den Menschen und über die Heilung seiner Leukämie → Grund für Mias dankbare Anpassung an die METHODE
- *Ambivalenz:* Mias **Verhältnis zu Kramer** zwischen Bewunderung und Ablehnung
- *Ohne zu weinen:* Moritz' Erscheinen bei Mia und sein Bericht über das Auffinden der Leiche
- *Unser Haus:* Nachbarinnen → Zeitungsbericht über Mia beschmutze guten Ruf des Hauses
- *Bedrohung verlangt Wachsamkeit:* Kramers Zeitungsbericht → Moritz als Terrorist
- *Die Zaunreiterin:* Forderung der idealen Geliebten, Mia solle sich gegen Kramers Lügen wehren
- *Fell und Hörner, zweiter Teil:* Moritz' **Ablehnung jeder Ideologie** → Verhaftung am Fluss
- *Das Recht zu schweigen:* **Mia verhaftet** wegen Führen einer methodenfeindlichen Vereinigung
- *Der Härtefall:* Mias Gesinnungsprüfung → ihre Gedanken zum politischen System und zu Revolutionen; Rosentreters Vortrag über Leukämie: Beweis, dass Moritz' Stammzellenspender **Walter Hannemann der wahre Mörder** von Sibylle Meiler ist
- *Das ist die Mia:* Fernsehbericht über den **Justizskandal**: Infragestellen der METHODE durch Mia
- *Der größtmögliche Triumph:* Mias Entschluss, sich zu **Methodenfeindlichkeit** zu bekennen
- *Die zweite Kategorie:* Streitgespräch zwischen Mia und Kramer über die Legitimation der METHODE; Mias Aufforderung an Kramer, ihr folgendes Statement schriftlich festzuhalten
- *Wie die Frage lautet:* Mias Absage an die aktuelle Gesellschaft, die auf **falschen Werten** beruht
- *Vertrauensfrage:* Kramers Dank für Mias brisantes Statement; Abschied der idealen Geliebten
- *Sofakissen:* erneute Verhaftung Mias durch Methodenschützer
- *Freiheitsstatue:* **Solidarisierung** vieler Menschen mit inhaftierter Mia: Proteste, Medienrummel
- *Der gesunde Menschenverstand:* staatstragende TV-Rede Kramers → Mia als gefährlicher Virus
- *Geruchlos und klar:* Mias Vortrag über Moritz' geistiges Erbe von Kramer per Diktiergerät aufgezeichnet; ihre **Weigerung**, Geständnis zu unterzeichnen, wonach sie und ihr Bruder als Mitglieder der Widerstandszelle *Die Schnecken* Moritz' Tod zu politischen Zwecken inszeniert hätten
- *Würmer:* falsche Zeugenaussage Würmers, Kontakt zur Widerstandszelle gehabt zu haben
- *Keine Liebe der Welt:* neues **Netz aus falschen Beweisen** gegen Mia: sie hätte Vergiftung des Trinkwassers geplant; Aushändigen einer langen Nadel an sie durch Rosentreter
- *Mittelalter:* kein Geständnis von Mia; Tod durch Erfrieren und Folter durch Kramer angedroht
- *›Es‹ regnet:* Leiden Mias an Folgen einer **Elektroschock-Folter**
- *Dünne Luft:* Mia bohrt Nadel in ihren Arm und überreicht Kramer den hervorgeholten Chip
- ***Siehe oben:* Gerichtsverhandlung** unter lauten Protesten → Verurteilung Mias zum Einfrieren
- ***Zu Ende:*** Einfrieren Mias in letzter Sekunde gestoppt durch Präsidenten des Methodenrats → Unterbringung in **Resozialisierungsanstalt** mit **psychologischer Betreuung**

Auf einen Blick

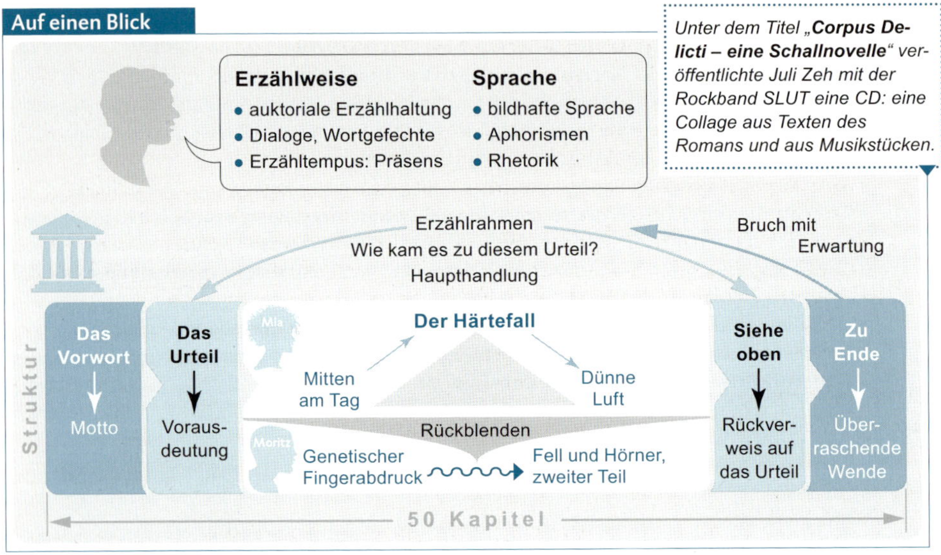

Aufbau und Struktur

- **50 Kapitel** von sehr unterschiedlicher Länge (ca. 2–16 Seiten)
- Kapitelbenennung: signifikante Wörter/Halbsätze aus dem Kapitel (oder gliedernd: z. B. *Zu Ende*)
- vorangestelltes ***Vorwort:*** Zitat aus Kramers ideologischer Schrift, außerhalb der erzählten Handlung angesiedelt, Funktion eines **Mottos:** Einstimmung auf Gedankenwelt der METHODE
- ***Das Urteil:*** scheinbare **Vorwegnahme des Romanendes** als offizielles Dokument, Spannung: Wie kam es zu diesem Urteil? → zusammen mit ***Siehe oben:*** Bildung des basalen Erzählrahmens
- von *Mitten am Tag, in der Mitte des Jahrhunderts* bis zu *Dünne Luft*: Geschichte darüber, wie es zu Mias Verurteilung kam → in der **Rückschau** und in **chronologischer Reihenfolge** erzählt
- **Höhepunkte** der Handlung: *Der Härtefall* (Niederlage für METHODE: Moritz' Unschuld) und *Wie die Frage lautet* (Mias Wandlung zur Systemgegnerin endgültig vollzogen)
- Erzählung über Mias Verurteilung immer wieder durch Rückblenden (Analepsen) unterbrochen: **Geschichte von Moritz** bzw. des Verhältnisses zwischen Mia und ihrem Bruder
- durch **Verschachtelung** der Erzähl- bzw. Handlungsebenen (Mias Geschichte – Moritz' Geschichte) bessere Beleuchtung der Entwicklung Mias: von der Konformistin zur Systemgegnerin
- Vergleich: Angelschnur bzw. Nadel ins Gefängnis → **Erwartung:** Begeht auch Mia Selbstmord?
- ***Zu Ende:*** Rückschau beendet, Fortsetzung der Handlung nach Urteilsverkündung: Erwartungen des Lesers nach *Das Urteil* unterlaufen → unerwartete **Schlusswendung**

Erzählweise

- Handlungsort und -zeit: in einer **Gesundheitsdiktatur** um das Jahr **2050**
- zeitliche Einordnung: Moritz seit ca. 4 Wochen tot, als Handlung um Mia einsetzt
- **auktoriales Erzählverhalten:** Erzähler nimmt Leser stark an die Hand (Herstellung von Gemeinschaft durch Wahl der Wir-Form) und macht seinen Wissensvorsprung deutlich

→ „Gehen wir der Einfachheit halber davon aus, dass sie [Mia] an Moritz denkt. Die Wahrscheinlichkeit, dass wir richtig liegen, ist sehr hoch." (S. 79)

- Erzähltempus: Präsens in der Mia-Handlung → **Unmittelbarkeit**, Gefühl des Lesers, die Ereignisse live mitzuerleben
- meist Präteritum als Erzähltempus in Moritz-Kapiteln („Wählen wir für ein paar Minuten die Vergangenheitsform", S. 60) → **Erinnerungscharakter** dieser Kapitel
- personales Erzählverhalten (in der Ich-Form) im Kapitel *Wie die Frage lautet* → Mias finales Bekenntnis zum Widerstand gegen die METHODE dadurch deutlich hervorgehoben
- Kramers Zeitungsartikel über Moritz (*Bedrohung verlangt Wachsamkeit*): ohne erzählerischen Eingriff abgedruckt → Leser des Romans gleichgestellt mit Zeitungsleser in der erzählten Welt
- **Vielzahl von Dialogen** in direkter Rede: Auseinandersetzungen der Figuren um richtige Verhaltensweisen und um Sinnhaftigkeit der METHODE dialektisch (Rede und Gegenrede) entfaltet → Austauschen unterschiedlicher Argumente und Sichtweisen als **rhetorische Wortgefechte** direkt vor den Augen des Lesers

Sprache und Stil

- nüchtern-schmuckloser Sprachstil und parataktischer Satzbau in den Erzählpartien → einfacher Zugang, **didaktische Ausrichtung** des Romans
- **rhetorische Ausgestaltung** der Dialoge: Vortragscharakter vieler Äußerungen mit dem Ziel, den Gesprächspartner vom eigenen Standpunkt zu überzeugen (v. a. bei Mia, Moritz, Kramer)
- Kramers menschenverachtende und **demagogische Sprache** v. a. aus Bereichen „Hygiene, Krankheit" (z. B. abweichende Gedanken als „Virus") → Nähe zur Wortwahl der NS-Propaganda
- Einsatz von Fremdwörtern und Fachbegriffen aus den Bereichen **Justiz**, **Medizin** und **politischer Philosophie** → Ernsthaftigkeit des Diskurses
- staatliche Medien: TV-Show WAS ALLE DENKEN und Zeitung DER GESUNDE MENSCHENVERSTAND: Anspruch auf Allgemeingültigkeit und Verbindlichkeit sprachlich festgehalten
- „Santé" (frz., „Gesundheit") als Grußformel: Gesundheitswahn in Alltagssprache integriert
- Charakterisierung durch sprechende Namen: z. B. Kramer (Suche nach Geheimnissen), Würmer (Unterordnung, Gehorsam)
- **bildhafte Sprache:** Vielzahl von Vergleichen und Metaphern → lebendige Charakterisierung des Verhaltens und des Innenlebens der Figuren (z. B. Mia als „Zaunreiterin")
- **Aphorismen:** kurze Sätze, die losgelöst vom Kontext vermeintliche Lebensweisheit ausdrücken und im Text Meinung der Figuren darstellen (z. B.: „Um frei denken zu können, muss sich der Mensch vom Tod abwenden", S. 94) → fordern den Leser zur Auseinandersetzung auf
- Abstammung des Romans von einem Theaterstück sprachlich noch klar erkennbar: **Szenenhaftigkeit** vieler Kapitel v. a. durch lange Dialoge und schnelle Wechselreden

Gattungszugehörigkeit

- **dystopischer Science-Fiction-Roman:** düstere Zukunftsvision der Gesellschaft, in der die technisch-wissenschaftlichen Neuerungen zur Unterdrückung der Menschen eingesetzt werden
- **Kriminalgeschichte:** Verbrechen im Mittelpunkt der Handlung → Mord an Sibylle Meiler und Verstrickung von Moritz Holl eng verknüpft mit der Frage nach der Legitimation der METHODE
- **Gerichtsdrama:** Nähe des Textes zum Theater, Haupthandlung in Gerichtssälen angesiedelt
- **Entwicklungsroman:** Mias Weg von der systemkonformen Musterbürgerin zur rebellischen Widerständlerin als Akt der intellektuellen und emotionalen Reifung

Auf einen Blick

Juristisch
- Staat als Straftäter entlarvt
- Kritik an Überwachung und Folter

Soziologisch
- Konflikt zwischen Gemeinwohl und persönlicher Freiheit
- fehlende Sensibilität im Umgang mit Daten

Fitnessarmbänder und -apps messen die Bewegungen ihrer Benutzer, und viele Versicherungsunternehmen haben großes Interesse an diesen Daten. Werden Juli Zehs Befürchtungen bald wahr?

Psychologisch
- Mias Trauer und Schuldgefühle
- Mias Entwicklung zur Systemgegnerin

Politisch
- Unmenschlichkeit der Gesundheitsdiktatur
- Recht auf Widerstand bei Fehlern im System

keine Allgemeingültigkeit nur eines Deutungsansatzes, sondern immer Zusammenspiel mehrerer Lesarten

Juristische Lesart

- Corpus Delicti = in der Rechtssprache ein Gegenstand, mit dem eine Straftat begangen wurde → überragende **Bedeutung des Körpers** für die METHODE
- Richterin Sophie → Anhängerin der METHODE, akribisch, jedoch abgesetzt wegen Befangenheit
- Verteidiger Rosentreter → systemkritisch und liberal: **Gerichtsprozess als Theater** und Spiel
- Richter Hutschneider → von Mias Prozess überfordert, deswegen überaus gehorsam und streng
- Justiz in der Hand politischer Entscheidungsträger: Einfluss des Journalisten Kramer und des Methodenrats → **keine Unabhängigkeit der Justiz**, keine Gewaltenteilung
- falsche Beweise gegen Mia von staatlicher Seite aus, Mia zur Täterin gemacht: Würmer als falscher Zeuge, erfundene Terrororganisation *Schnecken* → **Staat als Straftäter**
- **Überwachung** durch Justiz und Bestrafung bei Fehlverhalten: Ganzkörperaufnahmen, sportliches Leistungsprofil, Schlaf- und Ernährungsbericht, Blut- und Urinproben, Chip im Körper
- DNA-Test in Moritz' Prozess trügerisch→ keine Unfehlbarkeit naturwissenschaftlicher Methoden
- Autor des Buchs *Hexenhammer* von 1487 heißt Heinrich Kramer, Folterung der „Hexe" Mia: **Projektion mittelalterlicher (Rechts-)Verhältnisse** in eine fiktive Zukunft → Grausamkeit als epochenübergreifendes Merkmal der menschlichen Natur

Psychologische Lesart

- Mia früher: **rational**, von Beruf Biologin, ohne Interesse an Menschen oder an Liebe, **angepasst** aus Dankbarkeit für die Hilfe der METHODE bei Moritz' Heilung von Leukämie
- **Geschwisterbeziehung** Moritz – Mia: gegenläufige Ansichten → Moritz als romantischer Träumer, lustiger Rebell und Poet – Mia als spöttische und kalte Realistin
- **Trauer** um Moritz und **Schuldgefühle** nach dessen Suizid (Angelschnur!): Mias Leben aus den Fugen → Beginn der staatlichen Intervention, **Einmischung in Mias Privatleben**
- Mia von Moritz' Unschuld überzeugt → Verlangen nach **Gerechtigkeit**
- Mias Entwicklung während der Trauerarbeit: zunehmend kritischer und kämpferischer → Ansporn zum Rebellieren durch die **ideale Geliebte** (= Moritz' Sprachrohr)
- Mias „Selbstgespräche" mit idealer Geliebten auch als **geistige Verwirrung** deutbar

- Mias persönliches Unglück und ihr psychischer Zustand zur öffentlichen **Staatsaffäre** und zur Bewährungsprobe für die METHODE erhoben
- entscheidender Einschnitt für Mias Entwicklung: Rosentreters Beweis, dass Moritz unschuldig ist → von da an **keine Selbstzweifel mehr**, selbstsicheres Eintreten für ihre Ansichten
- **Mias Standhaftigkeit:** kein falsches Geständnis, Ertragen von Folter, Bereitschaft zum Tod → **Verlust ihrer Stärke** durch überraschende Begnadigung und **Entmündigung**

Soziologische Lesart

- staatlich regulierte Zuordnung der Partner nach Immunsystemen (zum Erhalt gesunder DNA) → massive **Einschränkung der freien Partnerwahl**, Ähnlichkeit zur **NS-Rassenhygiene**
- gesellschaftlicher Umgang mit Krankheit in der METHODE: Krankheit als historisches Phänomen und unzulässige Abweichung → **Verklärung der Gesundheit** zum Religionsersatz, zur Staatsideologie, zum sichtbar gewordenen Willen und zur Bereitschaft zur Höchstleistung
- **Unmenschlichkeit** der rein auf Vernunft fixierten METHODE → Ignorieren von Gefühlen, von Liebe, von Affekten und von individuellen Eigenschaften
- Kritik am Staat: Vorschieben von Sicherheitsbedenken zur **Beschneidung der Freiheitsrechte der Bürger** → in Wahrheit: Streben nach mehr Kontrolle und Überwachung
- Kritik an den Bürgern: **allzu großer Gehorsam** gegenüber dem Staat, gutgläubige **Preisgabe von persönlichen Daten** → mehr Engagement, Sensibilität und Zivilcourage nötig
- **Rolle der Medien** in der METHODE: Staatspropaganda → **keine Meinungspluralität**
- Kramers **Populismus**, **Demagogie** und **Fanatismus** in seiner Rolle als Topjournalist und Chefideologe der METHODE (Kramer als geheimes Staatsoberhaupt? vgl. Kapitel *Zu Ende*)
- Mias Nachbarinnen (außer Driss) als personifiziertes **Mitläufertum**, als Opportunisten

Politische Lesart

- Staatsform in *Corpus Delicti:* Gesundheitsdiktatur → **totalitärer Überwachungsstaat**
- „Übereinstimmung von allgemeinem und persönlichem Wohl“ von Kramer als Ziel definiert (S. 87) → **heuchlerische Doktrin**, denn Entscheidung, was „Wohl“ ist, fällt die METHODE
- körperliche Gesundheit zum höchsten politischen Wert deklariert (Kramer: „[d]as Störungsfreie, Fehlerlose, Funktionierende“, S. 181) → **keine Toleranz** für Schwäche, Fehler, Individualität
- verschiedene Weltbilder – verschiedene politische Auffassungen:
  - historische Legitimierung der METHODE durch Kramer (vgl. S. 88 f.): nach zwei Weltkriegen → **Entideologisierung** → Einsamkeit, Werteverfall → Unsicherheit, Angst: Geburtenrückgang, Krankheiten, Terror → METHODE = **neues Sinnangebot**
  - Moritz' Philosophie der Liebe (vgl. S. 26 f.): Zerstörung des göttlichen Weltbildes durch Naturwissenschaften → Mensch im Zentrum ohne neue Orientierung → **Liebe als Leitbild** und als Sammelbegriff für Freiheit, Naturverbundenheit und Pluralismus
  - Mias Staatsverständnis (vgl. S. 158 ff.): Abgrenzung von sinnlosen Revolutionen, Staat nur auf eine Weise legitimierbar: durch bestmögliche Unterstützung bei „natürliche[m] Streben der Menschen nach Leben und Glück“ (S. 161) → ansonsten **Recht auf Widerstand**
- Mobilisierung von **Systemgegnern** durch Mias Fall:
  - radikale R.A.K. („Recht auf Krankheit“, vgl. RAF): **Gewalt gegen Unschuldige** → Berufung auf Mia als Symbolfigur, entschiedene Ablehnung dieser Vereinnahmung durch Mia
  - **gewaltlose Proteste** und Demonstrationen der wachsenden Anzahl der Anti-Methodisten
  - **offenes Ende** des Romans: Erfolge der Systemgegner oder endgültiger Sieg der METHODE?

Auf einen Blick

Manchmal sind kurze Definitionen die einprägsamsten und treffendsten: Laut Novalis heißt Romantik, „dem Gewöhnlichen ein ungewöhnliches Aussehen zu geben, das Banale in ein Geheimnis zu verwandeln."

Natur

- **Urzustand der Einheit alles Seienden ist verloren** gegangen: Einheit zwischen Natur – Mensch – Gott ist nur in Natur sichtbar → **Sehnsucht** der Romantiker nach Wiederherstellung dieser Verbindung → „**Blaue Blume**" als Symbol dieser Sehnsucht
- Abwendung von der Zivilisation und ihren Zumutungen (u. a. beginnende Industrialisierung, napoleonische Besetzung, Auflösung des dt. Kaiserreichs, Befreiungskriege) → **Hinwendung zur idyllischen Natur und zu christlichem Gott** → Suche nach Orientierung und Sinn, aber auch Eskapismus → Veränderung der Gesellschaft durch Revolution des Denkens/Schreibens
- Natur als **Buch Gottes**, in dem der Mensch lesen kann und dessen Wunder er bestaunen kann → Natur als heiliger Raum
- Natur sendet verrätselte Botschaften („Hieroglyphen"), die der Mensch entschlüsseln muss (vgl. Eichendorff, *Wünschelrute*)
- Natur als **Spiegel der menschlichen Seele** und des Lebens, u. a. durch Jahreszeiten (z. B. Frühling → Neubeginn, Euphorie, Gefühlsintensität) oder durch Naturerscheinungen (z. B. Stürme oder Wellen → Widrigkeiten des Lebens)
- Lebendigkeit der Natur: rauschende Wälder, Bäche und Brunnen, singende Vögel etc.
- **Wald als außergesellschaftlicher Ort und Gegenwelt** (z. B. zum städtischen Trubel): Ort des Rückzugs, der Geborgenheit und der Wunder, aber auch der Einsamkeit und der Bedrohung

Wandern und Reisen

- Wandern als **Ausdruck der Sehnsucht nach der Unendlichkeit und des Fernwehs** (vgl. Motiv des klingenden Posthorns)
- Reisen in die Natur = Reisen zu sich selbst → „Nach innen geht der geheimnisvolle Weg" (Novalis): Reisen als **Selbsterkundung und -erkenntnis**, als Suche nach Nähe zu Gott
- Unterwegssein als Ausdruck des romantischen Lebensgefühls ↔ Stillstand und Gemütlichkeit

- Reisen als **Befreiung aus der spießig-philisterhaften Sesshaftigkeit**, als Akt der Freiheit und der Selbstbestimmung → ABER: auch Gefahr, sich auf Reisen zu verlieren (durch Verlockungen der Welt, durch sinnliche Genüsse usw.)
- Reisen als **Sinnbild für das menschliche Leben:** Leben als ständiges Unterwegssein
- Endlosigkeit der Wanderung: **Kreislauf** aus Aufbruch – Unterwegssein – Ankommen – erneuter Aufbruch → ABER: Vorhandensein von **Gottvertrauen**, dass alles glücklichen Ausgang nimmt
- häufige Reiseziele: Stillen der Sehnsucht, **Finden des Glücks oder der großen Liebe**

Kunst und Musik

- künstlerische Tätigkeiten und Künstler als Gegenstand romantischer Lyrik: z. B. Musik, Gesang, Dichtung, Malerei, Bildhauerei → Künstler als **Idealbild des unverfälschten, poetischen Menschen**
- „Poetisierung des Lebens" als Ziel → **Grenzen zwischen Kunst und Realität aufheben**, äußere Welt spiritualisieren, „Die Welt muss romantisiert werden" (Novalis)
- Musik als **Ausdruck der romantischen Lebensfreude** (vgl. fahrende Sänger des Mittelalters)
- Aufgabe der Kunst: beim Rezipienten **Empfindungen der Sehnsucht erzeugen**

Traum, Fantasie, Ahnung

- Abgrenzung gegenüber der Aufklärung und der Weimarer Klassik: Gefühle, Imagination und Innenleben als notwendiges **Korrektiv zur Vernunft** → Mensch als Wesen mit Verstand UND Emotionen, Ganzheitlichkeit des Menschen, **Aufwertung des Irrationalen und Unbewussten, Blick nach Innen**
- Vermischung verschiedener Wahrnehmungsebenen: z. B. **Realität – (Alb)Traum – Fantasie** → kein Unterscheiden mehr möglich, Transzendentales als Bestandteil der Welt
- Kraft der menschlichen Vorstellungskraft
- durch Erleben „übernatürlicher" Ereignisse: Einblick des Menschen in die göttliche Natur → Erzeugen von Demut: Mensch wird auf seinen **Platz in der gottgegebenen Ordnung** verwiesen

Nachtseiten des Menschen

- zu Beginn des 19. Jh. auch auf wissenschaftlich-philosophischer Ebene: zunehmende **Beschäftigung mit der menschlichen Seele und Psyche** (vgl. Schriften von Gotthilf H. v. Schubert)
- durch Blick auf das Innenleben des Menschen: auch in der Poesie verstärkte Thematisierung „negativer" Bewusstseinszustände → **Wahnsinn, Ohnmacht, Fieber, Verzweiflung, Einsamkeit, Schwermut** → Entgrenzung des romantischen Menschen
- literarischer Fokus auf psychische Nachtseiten auch als Ausdruck des verlorenen Sinnzusammenhangs, der **Entfremdung des Menschen von sich selbst**, der verlorenen Nähe zu Gott

Andere Welten

- Empfinden des Ungenügens an der eigenen Zeit (u. a. Gewalt der Französischen Revolution, Napoleon, Restauration) → Suche nach Sinn und Identität
- **nostalgisch-idealisierter Blick in die Vergangenheit** → Hinwendung zum Mittelalter (Ritter, Fräulein, Burgen, Schlösser, Kirchen usw.)
- literarische Beschäftigung mit deutschen **Märchen, Sagen und Mythen**
- typisch romantisch: **Loreley-Mythos** (vgl. z. B. Gedichte von Brentano, Eichendorff, Heine)

Auf einen Blick

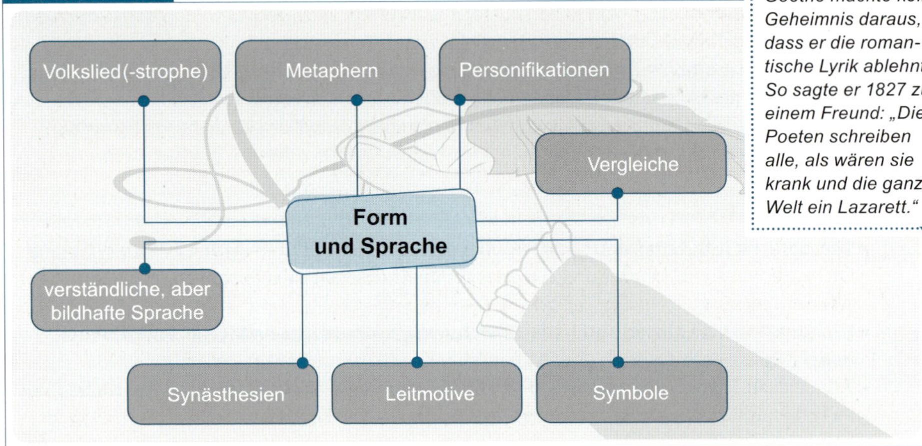

Goethe machte kein Geheimnis daraus, dass er die romantische Lyrik ablehnt. So sagte er 1827 zu einem Freund: „Die Poeten schreiben alle, als wären sie krank und die ganze Welt ein Lazarett.“

Form

- **Nähe der romantischen Gedichte zum deutschen Volkslied** (mittelalterliche Tradition, mündlich überliefert) → als sangbar gedachte Lyrik, **Lied als Ausdruck des „Volksgeistes“**
- sog. **Volksliedstrophe bzw. Volkslied** → keine strengen Vorgaben, eher als Orientierung, u. a.:
  - vier Verse pro Strophe
  - drei Hebungen pro Vers (jambisch)
  - abwechselnd weibliche und männliche Kadenz
  - Kreuzreim (oder auch Paarreim)
  - Füllungsfreiheit: beliebig viele Senkungen zwischen Hebungen, nicht streng alternierend (*ich **weiß** nicht, was **soll** es bed**eu**ten, / dass **ich** so tr**au**rig **bin***; Heine)
- weitere Gedichtformen der Romantik:
  - **Hymne:** erhabener, pathetischer Preis- und Lobgesang in freien Rhythmen (z. B. Novalis)
  - **Sonett:** 14 Verse mit zweiteiligem Aufbau: zwei Quartette und zwei Terzette (z. B. Eichendorff)
  - **Ballade:** Mischung dramatischer, epischer und lyrischer Elemente → naturmagische Ballade, Schauerballade, Volksballade (z. B. Heine, Brentano)
- Dominanz von erzählerisch-handlungsorientierten Gedichten: Tradition der **Erlebnislyrik** (aus Sturm und Drang) → Erlebnisse / Beobachtungen (in Ich- oder Er-Form) → danach oder parallel: **Reflexion** / Bewertung / **Einordung in größere, oft religiöse Zusammenhänge**
- romantische Gedichte häufig in Prosatexte (Romane, Erzählungen) eingebettet: **Verschmelzung der literarischen Gattungen im Sinne der romantischen Universalpoesie**, aber auch kontextunabhängiges Verstehen der Gedichte möglich

Wortwahl und Sprache

- **verständliche Sprache:** Verzicht auf Fremdwörter oder Bildungssprache
- **transparenter Satzbau:** keine langen Hypotaxen, oft Zeilenstil
- nachvollziehbare „Handlung“ des Gedichts: meistens keine elaborierten Anspielungen, **kein Bildungswissen notwendig** (wie z. B. in Weimarer Klassik)

- **Bemühen, einen „volksnahen" Ton herzustellen** und damit viele Leser zu erreichen → kein elitäres Kunstverständnis bzw. Erziehungsvorhaben wie in Weimarer Klassik → romantisches Ideal der Ursprünglichkeit, der kindlichen Schlichtheit
- **Liedcharakter und Musikalität der Gedichte** → Wirkung: Eingängigkeit und Einprägsamkeit der Inhalte, Musik als unmittelbarer Ausdruck des Inneren, Transportieren einer Stimmung
- ABER: trotz vordergründiger Zugänglichkeit der Gedichte → **Bildhaftigkeit der Sprache erschwert Verständnis**

Stil

- **Metaphorik und Vergleiche** (mit *wie* oder *als*): Bildhaftigkeit und Anschaulichkeit des Geschilderten → Suche nach tertium comparationis, um Sinn dahinter zu verstehen (z. B. *Es war, als hätt' der Himmel / Die Erde still geküßt*; Eichendorff)
- Synästhesien verdeutlichen **Vielzahl, Gleichzeitigkeit und Intensität der Sinneswahrnehmungen** v. a. in der Natur
- Personifikationen von Naturelementen (z. B. Bäume, Wind, Wolken), Natur als handelnde Figur → **Lebendigkeit und geheimes Eigenleben der Natur**, verborgene Kräfte, ABER auch latente Gefahr
- **Verwendung von Symbolen / Leitmotiven** (z. B. Blaue Blume, zerbrochenes Ringlein, Mühlrad) → aufgeladen mit Bedeutung: z. B. Sehnsucht, Liebe, wechselhaftes Leben
- **wiederkehrende Handlungsschauplätze:** z. B. Wälder, Berge, Wiesen, ruinenhafte Gebäude, nächtliche Landschaft → typische Orte, die das romantische Lebensgefühl widerspiegeln

Häufige Stilmittel mit Beispielen

- **Personifikation:** Vermenschlichung von Nichtmenschlichem, z. B. *Es redet trunken die Ferne / Wie von künftigem, großem Glück!* (Eichendorff)
- **Allegorie:** durchgehende Metaphorisierung, z. B. *Und meine Seele spannte / Weit ihre Flügel aus, / Flog durch die stillen Lande, / Als flöge sie nach Haus.* (Eichendorff)
- **Imperativ:** Befehl oder Aufforderung, z. B. *Ach Gott, führ uns liebreich zu Dir.* (Eichendorff)
- **Wiederholung**, z. B. *O Wandern, Wandern, meine Lust, / O Wandern!* (Müller)
- **Alliteration:** aufeinanderfolgende Wörter mit dem gleichen Anfangslaut, z. B. *Wirf um den weiten weißwallenden Schleier* (Heine)
- **Metapher:** bildlicher Vergleich, z. B. *Die Augen sind zwei Flammen* (Brentano)
- **Diminutiv:** Verkleinerungs- bzw. Verniedlichungsform, z. B. *Äuglein, Blümelein* (Heine)
- **Anapher:** Beginn aufeinanderfolgender Verse oder Wortgruppen mit dem gleichen Wort/der gleichen Wortgruppe, z. B. *Soll frevelnd ich dem liebsten Wunsch entsagen? / Soll mutig ich zum Schattenreiche gehn?* (Günderrode)
- **Ausruf**, z. B. *O du goldne Schrift durch den Sterneraum!* (Uhland)
- **Neologismus:** Wortneuschöpfung, z. B. *Blütenschimmer* (Eichendorff)
- **Rhetorische Frage:** Scheinfrage, die keine Antwort erwartet, z. B. *Hörst du nicht die Bäume rauschen / Draußen durch die stille Rund'?* (Eichendorff)
- **Onomatopoesie:** Lautmalerei, Nachahmung eines (Natur-)Lautes, z. B. *So jubelnd recht in die hellen, / Klingenden, singenden Wellen* (Eichendorff)
- **Synästhesie:** Vermischung von Sinnesgebieten, z. B. *Durch die Nacht, die mich umfangen, / blickt zu mir der Töne Licht!* (Brentano)

Auf einen Blick

Lyriker der Romantik

Novalis
- Leiden am frühen Tod seiner Verlobten Sophie v. Kühn
- „Erfinder“ der Blauen Blume

Clemens Brentano
- unstetes Wanderleben
- Mitherausgeber von *Des Knaben Wunderhorn*
- Konversion zum Katholizismus

Karoline v. Günderrode
- als gelehrte Stiftsdame: Drang nach Freiheit und Autonomie
- unglückliche Liebesbeziehungen

Heinrich Heine
- Rebell: ironischer Umgang mit romantischen Motiven
- Zensur seiner Werke im restaurativen Deutschland
- Exil in Paris

Joseph v. Eichendorff
- nach Kriegsdienst: Karriere als Staatsbeamter
- Enttäuschung über Staat: Hinwendung zur Schriftstellerei

Die Romantik war nicht nur eine Strömung der deutschen Literatur, sondern eine kulturgeschichtliche Epoche in Europa, die ihren Einfluss bis ins 20. Jahrhundert ausübte und unsere Kultur bis heute prägt. Sie umfasste auch die bildende Kunst, die Malerei, die Musik und viele Bereiche der Wissenschaft.

Friedrich von Hardenberg = Novalis

- * 2. Mai 1772 in Oberwiederstadt; † 25. März 1801 in Weißenfels (Tuberkulose)
- zweites von elf Kindern, **streng pietistisches Elternhaus**; 1788: erste Gedichte
- 1790–94: Studium (Mathematik, Jura, Philosophie) in Jena, Leipzig, Wittenberg: Kontakte zu Schiller und Goethe, Freundschaft mit Tieck und Brüdern Schlegel → **philosophisch-theorielastige Frühromantik** (Poesie als „Gemütserregungskunst“)
- ab 1794: Gerichtsschreiber in Tennstedt; 1795: Verlobung mit Sophie von Kühn, die 1797 stirbt → Andenken an sie im Gedichtzyklus *Hymnen an die Nacht* (1800): **Prosa- und Verspassagen**
- ab 1797: Studium an Bergakademie Freiberg, dann Beamtenkarriere in Weißenfels und Thüringen
- 1798: Verlobung mit Julie von Charpentier; Prosafragmente *Blüthenstaub* (Pseudonym Novalis)
- 1802, postum veröffentlicht: *Geistliche Lieder* und Romanfragment *Heinrich von Ofterdingen*
- **Auswahl bekannter Gedichte**: *Wenn nicht mehr Zahlen und Figuren* (1800); *Sehnsucht nach dem Tode* (1800); *Fern im Osten wird es helle* (1802)

Clemens Brentano

- * 9. September 1778 in Koblenz; † 28. Juli 1842 in Aschaffenburg
- ab 1795: Kaufmannslehre, Studium (Bergwissenschaften, Medizin) in Halle und Jena (alles abgebrochen) → Bekanntschaft u. a. mit Herder, Goethe, Tieck, Fichte, F. Schlegel
- 1801: Roman *Godwi*, **Freundschaft zu Achim von Arnim** → prägen sog. Heidelberger Romantik; von da an: **unstetes Wanderleben**
- 1803: Heirat mit Sophie Mereau († 1806), Tod der drei gemeinsamen Kinder
- 1805–08: ***Des Knaben Wunderhorn*** (mit A. von Arnim): **Sammlung deutscher Volkslieder** vom Mittelalter bis 18. Jh. (teils stark bearbeitet) → Ausprägung eines deutschen Nationalgefühls
- 1809–18: Aufenthalte u. a. in Berlin, Böhmen, Wien; **Konversion zum Katholizismus**
- ab 1824: Leben an wechselnden Orten, unerwiderte Liebe zu Emilie Linder → lyrisches Spätwerk
- **Auswahl bekannter Gedichte**: *Sprich aus der Ferne* (1800); *Zu Bacharach am Rheine* (1801; Erfindung des Loreley-Mythos); *Der Spinnerin Nachtlied* (1818)

Karoline von Günderrode

- *11. Februar 1780 in Karlsruhe; † 26. Juli 1806 in Winkel: **Suizid**, weil sich ihr Geliebter Friedrich Creuzer von ihr getrennt hat
- nach Tod des Vaters (Regierungsrat) 1786: bescheidenes Leben mit ihrer Mutter und ihren fünf Geschwistern in Hanau
- 1797: Eintritt in evangelisches **Damenstift** in Frankfurt a. M. → Studium verschiedener Fächer, **Drang nach Freiheit und Selbstbestimmung**, aber als Stiftsdame: **sittsamer Lebenswandel gefordert** → Gefühl der Gefangenschaft
- 1799: **unerwiderte Liebe** zum Rechtsgelehrten Friedrich Carl von Savigny, durch den sie auch erstmals Kontakt zu Romantikern erhält (u. a. zu Bettina und Clemens Brentano)
- 1804: *Gedichte und Phantasien* → Günderrode als **„Sappho der Romantik"** bezeichnet; Beginn einer **Liebesbeziehung** zum unglücklich verheirateten Wissenschaftler Friedrich Creuzer
- **Auswahl bekannter Gedichte**: *Der Kuss im Traume* (1804); *Der Luftschiffer* (1804); *Überall Liebe* (1806)

Joseph von Eichendorff

- *10. März 1788 in Oberschlesien; † 26. November 1857 in Neiße
- Abstammung aus preußischer Offiziersfamilie (Vater) und schlesischem Landadel (Mutter)
- 1805–12: Jura-Studium in Halle, Heidelberg, Wien → Kontakt zu Arnim, Brentano und Schlegels
- 1813–15: Soldat in **Befreiungskriegen gegen Napoleon**; 1815: Heirat mit Louise von Larisch
- ab 1816: **Staatsdienst** in Breslau, Danzig, Königsberg → **viele Karrierehürden für Eichendorff als Katholiken und liberalen Zeitgenossen** im reaktionären, protestantischen Preußen
- 1826: Novelle *Aus dem Leben eines Taugenichts* → **Spätromantik**
- ab 1831: in verschiedenen Ministerien in Berlin tätig; 1837: **gesammelte *Gedichte***
- Ruhestand ab 1844 → bis 1855 wechselnde Wohnorte, dann Neiße in Oberschlesien
- **Auswahl bekannter Gedichte**: *Das zerbrochene Ringlein* (1810); *Die zwei Gesellen* (1818); *Sehnsucht* (1830/31); *Wünschelrute* (1835); *Mondnacht* (1837)

Heinrich Heine

- *13. Dezember 1797 in Düsseldorf; † 17. Februar 1856 in Paris
- ab 1816: nach der Ausbildung erfolglos als Kaufmann tätig in Frankfurt und Hamburg
- 1819–23: Jura-Studium in Bonn, Göttingen, Berlin (Vorlesungen bei A. Schlegel und Hegel) → **Aufscheinen von Heines rebellischem Charakter**
- 1822: *Gedichte*; 1824: *Dreiunddreißig Gedichte*; 1827: *Buch der Lieder* → Heine als **„entlaufener Romantiker"**: Überwindung der Romantik durch **ironische Brechung romantischer Motive**
- 1831: Anfeindungen gegen Heine wegen jüdischer Herkunft und liberaler Ansichten, Probleme mit **Zensur im restaurativen Deutschland** → Übersiedlung ins revolutionäre Paris
- ab 1835: Heines Werke in Deutschland verboten
- 1836: *Die romantische Schule* = erste literaturgeschichtliche Abhandlung zur Romantik mit polemischen Zügen
- 1843/44: zwei Reisen nach Deutschland; 1844: *Neue Gedichte* und *Deutschland. Ein Wintermärchen*
- seit 1848: wegen einer Krankheit ans Bett gefesselt → „Matratzengruft"
- **Auswahl bekannter Gedichte**: *Ich weiß nicht, was soll es bedeuten* (1823); *Mein Herz, mein Herz ist traurig* (1827); *Wahrhaftig* (1827)

Auf einen Blick

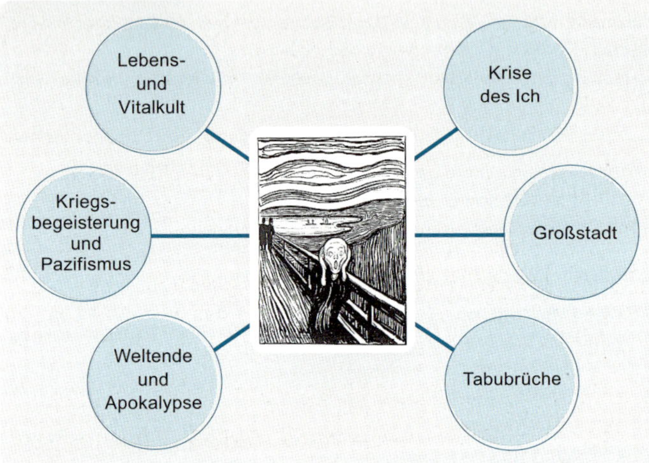

1910 erregte das Erscheinen des Halleyschen Kometen am Himmel die Gemüter. Viele Menschen waren überzeugt, dass dieser den Weltuntergang ankündigte, was sich die Werbeindustrie zunutze machte. Kometenansichtskarten, Kometenseife oder sogar Kometenwurst entwickelten sich zu Verkaufsschlagern.

Lebens-und Vitalkult

- zentrale Anliegen der Expressionisten: Umbruch, **Aufbruch**, neues Erleben
- Rationalitäts- und Wissenschaftskritik: **Betonung alles Nicht-Rationalen, Affektvollen und Pathetischen**
- **Untergangsvisionen** und Aufbruchshoffnungen
- Sehnsucht nach dem „wahren und eigentlichen Leben“ → Ziel der „**Verwesentlichung**“ des Menschen: Sinngebung durch verbrüdernde Liebe, allgemeine Geltung der Menschenwürde und unverstellten Ausdruck des Erlebens
- „Leben“ als Schlüsselbegriff **gegen verkrustete und starre bürgerliche Gesellschaft** des Wilhelminismus → **Lebenskult** und Hineinsteigern in rauschhafte Begeisterung → **Generationenkonflikte**
- pathetische **Artikulation messianischer Hoffnungen** auf neuen, paradiesischen Zustand und einen „**neuen Menschen**“ → Erneuerungsvisionen als Art „Heilslehre“ und **Antwort auf Bedrohungen der modernen Massengesellschaft** und den **Ich-Zerfall**
- eigentlich negativ besetzte Emotionen wie Wut oder Hass als Ausdruck vitalistischer Energien

Kriegsbegeisterung und Pazifismus

- Empfindung von **Langeweile und spießbürgerlicher Erstarrung** → Sehnsucht nach gewaltvoller Veränderung → bei einigen Dichtern **Begeisterung für Krieg** als kulturrevolutionäres Ereignis, Aufbruch und Neuanfang
- Mischung von **Grauen und Faszination** angesichts der Kriegswirklichkeit
- Umschlagen der Kriegsbegeisterung in **Enttäuschung und Ernüchterung** → **Pazifismus** und Entsetzen angesichts der Verwüstungen durch den Krieg → emphatische Beschwörung einer **Erneuerung des Menschen**
- Darstellung von Schrecken und Sinnlosigkeit des Kriegs

Weltende und Apokalypse

- **Entgötterung der Welt** nach Zitat von Nietzsche „Gott ist tot.“: Verlust metaphysischer Sinnhorizonte und **Umwertung aller Werte** (Schlagwort nach Nietzsche)
- Beschreibung von Verzweiflung, Krise, apokalyptischen Ängsten und nihilistischen Vorstellungen

Krise des Ich

- Eigendynamik der Objektwelt, der sich modernes Subjekt hilflos ausgeliefert fühlt → **Ohnmacht des Individuums und Ich-Dissoziation**
- Darstellung einer **inneren Zerrissenheit** → Spannung zwischen Verfall und Triumph sowie Tod und Auferstehung
- **Sprach-, Ich- und Sinnkrise** → Ideal der Erneuerung und Wandlung des Menschen
- **Hilflosigkeit und Orientierungslosigkeit** des modernen Ich angesichts von zivilisatorischem Fortschritt, Verstädterung und Technisierung

Großstadt

- Großstadt und Technisierung als Motivation für expressionistische Kulturkritik und **Darstellung verstörender Krisenerfahrungen des Einzelnen**
- moderne Verstädterung mit Menschenmassen und zunehmender Technisierung als Auslöser für **Hilflosigkeit und Orientierungslosigkeit** → Technikkritik
- Personifizierung der zerstörerischen Kräfte moderner Zivilisation → **Zivilisationskritik**
- Darstellung von Vereinzelung, Reizüberflutung, Krankheit, Armut und Tod in der Großstadt
- **veränderte Wahrnehmungsbedingungen** in den schnell gewachsenen Großstädten → Entfremdungs- und Angsterfahrungen, aber auch Faszination für großstädtische Phänomene: Großstadt als **Ort gesteigerten Lebens und des Sinnenrauschs**
- Nervenüberreizung durch **Überfülle an Wahrnehmungsreizen und Sinneseindrücken** in der Großstadt und durch neue Massenmedien Zeitung und Film → **Simultangedichte** als Darstellungsmedium
- Beschreibung eines Gefühls von **Enge und Bedrängnis** durch überfüllte Städte und bedrohlichen Verkehr
- **Verdrängung der Natur** durch Zivilisation

Tabubrüche

- Verknüpfung von Emotionen negativer Art mit sexueller Lust sowie Sexualisierung kriegerischer Gewalt
- **Ästhetik des Hässlichen:** poetische Darstellung von als hässlich und abstoßend empfundenen Themen wie Krankheit, Verwesung und Verfall (sog. **Wasserleichenpoesie**, in der insbesondere der Zerfallsprozess von jungen ertrunkenen Frauen dargestellt wird)
- Kontrastierung von Schönheit und Jugend mit Nichtigkeit und Zerstörung
- **Behandlung von Tabuthemen:** Hochwertung von Außenseitern der Gesellschaft wie von Geisteskranken, Verbrechern, Bettlern, Prostituierten und anderen gesellschaftlichen Randexistenzen, um zu schockieren und zu provozieren
- Darstellung von Angst, Unsicherheit, Entfremdung, Wahnsinn, Verzweiflung und Suizid
- Thematisierung von **Sexualität und Prostitution**, um Scheinmoral der Gesellschaft zu entlarven

Auf einen Blick

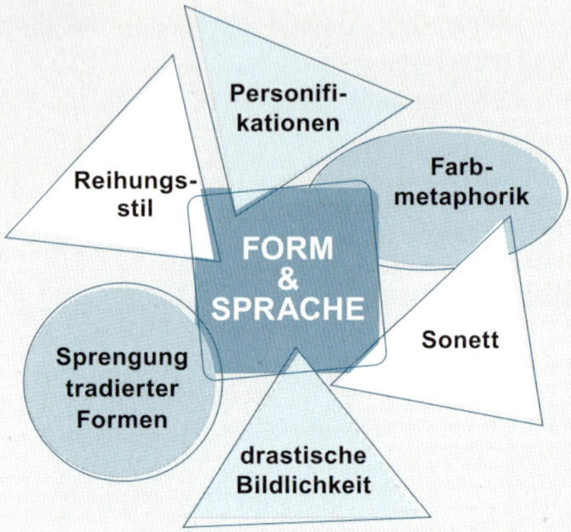

Die Expressionisten liebten es, zu überraschen und Lesererwartungen zu unterlaufen. So gibt es zahlreiche Gedichte, deren Titel eine Idylle vermuten lassen („Sonnenuntergang“, „Kleine Aster“, Sommerfrische“), den Leser beim Weiterlesen aber mit erschreckenden Zuständen und derben Formulierungen schockieren.

Form

- Vorliebe für traditionelle Strophen-, Vers- und Reimformen → häufig **Diskrepanz zwischen Form und Inhalt**, z. B. Darstellung revolutionärer Inhalte in traditioneller **Form des Sonetts**
  - Sonett als letzter **Halt und Orientierungspunkt** in einer Zeit, die sich durch Orientierungslosigkeit auszeichnet
  - äußere Form als **Fassade**, hinter der es bröckelt → **Schein**, der sich als trügerisch erweist
  - **Aufsprengung** der äußeren Form **durch den Inhalt** → traditionelle Form unter gegenwärtigen Lebensumständen nicht mehr haltbar
- **Sprengung tradierter Formen:** Verzicht auf Metrum und Reim, stattdessen freie Rhythmen
- Entpoetisierung des Reims, z. B. *Skelett/Menuett* (Boldt)

Wortwahl und Sprache

- **sprachliche Intensität**, z. B. durch Verknappung von Satz-/Wortgefügen und elliptische Konstruktionen
- neue Sprachbilder und **Wortneubildungen**, z. B. *Riesensteinmeer* (Heym), *Mondregenbogen* (Ehrenstein)
- „Leben“ als Schlüsselbegriff, der gegen wilhelminische Erstarrung gerichtet ist
- **Auflösung syntaktischer und grammatikalischer Regeln**, z. B. *Aus allen Winkeln gellen Fürchte Wollen / Kreisch / Peitscht* (Stramm)
- Radikalisierung der Sprache; Übertreibungen
- **drastische Bildlichkeit** und ungewöhnliche Metaphern, z. B. *Ein Mann zertrümmert eine morsche Frau.* (Lichtenstein)
- **Kontrastierungen**, z. B. *Am Abend, wenn die Glocken Frieden läuten, […] Da macht ein Hauch mich von Verfall erzittern.* (Trakl)
- literarische **Anspielungen und Verwendung lateinischer und französischer Vokabeln**, z. B. *Autumnus* (Heym), *Morgue* (Benn)
- Rhetorisierung und Pathetisierung der Aussage („**O-Mensch-Gedichte**“), z. B. *Mensch Mensch mein Bruder wer bist du!?* (Becher)

Stil

- visuelle Eindringlichkeit → einprägsame **Farbmetaphorik:** Schwarz = drohendes Unheil, z. B. *schwarze Flammen* (Heym); Rot = Blut, z. B. *rotes Bangen* (Heym); Blau = Sehnsucht, Optimismus, z. B. *blaues Lachen* (Trakl); aber auch Beliebigkeit der Farbmetaphern
- Expressionismus als **Gegenbewegung** zum Naturalismus, zum Symbolismus und zum Impressionismus
- **Personifikationen für zerstörerische Kräfte der modernen Zivilisation** und für großstädtische Welt, z. B. *Der Gott der Stadt* (Heym) → Dynamisierung der Objektwelt, der modernes Subjekt hilflos ausgeliefert ist, z. B. *Sind alle Menschen im Land auf der Flucht / Vor unserer steinernen Welle.* (Wegner)
- **Großstadtlyrik:** personalisierende Metaphern für Gegenstände (*Hohläugig glotzen die Häuser herüber*, Wegner) und Verdinglichung des Subjekts (*Schon rosten meine Knochen, leere Schienen*, Drey)
- **Reihungsstil in Simultangedichten:** Aneinanderreihung scheinbar zusammenhangloser Hauptsätze, heterogener Bilder und disparater Eindrücke
  - Widerspiegelung der **Vielzahl von Eindrücken** in der Großstadt
  - Illustration der **Orientierungslosigkeit** des modernen Subjekts
  - **Versinnbildlichung des Tempos**, der Unruhe und der Diskontinuität in der Großstadt
- **Tendenz zur Parataxe:** Zeilenstil, Isolation des Einzelworts, Bilderkumulation, „harte Fügung" (Einschnitte innerhalb eines Verses zur besonderen Hervorhebung von Wörtern oder Silben)
- Vergleiche von Mensch und Tier bzw. Ausstattung von Tieren mit menschlichen Persönlichkeiten
- **Film als Maßstab einer neuen Ästhetik**, um Tempo des Lebens abzubilden
- häufige Verwendung des Stilmittels der **Synästhesie**, z. B. *Augen greifen weich in die tiefe Welt* (Lichtenstein)

Häufige Stilmittel mit Beispielen

- **Personifikation:** Vermenschlichung von Nichtmenschlichem, z. B. *Die nackten Stühle horchen* (Lichtenstein)
- **Imperativ:** Befehl oder Aufforderung, z. B. *O komm! O komm, Geliebte!* (Blass)
- **Wiederholung**, z. B. *Gebt Raum Gebt Raum/Unserm Schritt!* (Wegner)
- **Alliteration:** aufeinanderfolgende Wörter mit dem gleichen Anfangslaut, z. B. *Die grelle, gelbe Nacht* (Hoddis)
- **Metapher:** bildlicher Vergleich, z. B. *Zersägend das Gehör* (Lotz)
- **Akkumulation:** Aneinanderreihung von miteinander in Beziehung stehenden Begriffen, z. B. *Entfaltungen, das Blut, die Müdigkeiten,/die Georginennähe macht uns wirr* (Benn)
- **Inversion:** Veränderung der herkömmlichen Wortreihenfolge, z. B. *Zu meinen Füßen wurmige Menschen schwelen* (Drey)
- **Anapher:** Beginn aufeinanderfolgender Verse oder Wortgruppen mit dem gleichen Wort/der gleichen Wortgruppe, z. B. *gehe Wege,/gehe sie zurück,/keiner bringt mir/mich zurück* (Ehrenstein)
- **Ausruf**, z. B. *O, wie mich leise eine süße Weise betönt* (Lasker-Schüler)
- **Ellipse:** Auslassung eines Satzteils, z. B. *Bis in den Mund gebräunt vom Meer. Reif gesenkt, zu griechischem Glück.* (Benn)
- **Hyperbel:** Übertreibung, z. B. *Eine ewige, eine unendliche Stadt!* (Wegner)
- **Synekdoche:** Ein Teil steht für das Ganze (Pars pro toto) oder das Ganze steht für einen Teil (Totum pro parte), z. B. *Zwei Augen brüllen auf* (Benn)

Auf einen Blick

EXPRESSIONISTEN
- häufig problematische Familienverhältnisse
- Intention: Aufbegehren, Erzielen einer Schockwirkung

Gottfried Benn
- angespanntes Verhältnis zu seinem Vater
- praktizierender Arzt, u. a. in Psychiatrie und Pathologie

Jakob van Hoddis
- Probleme mit Autoritäten → Förderung einer progressiven Kultur
- Gedicht Weltende als Beginn der expressionistischen Lyrik

Georg Heym
- Konflikte mit bürgerlich-konservativem Elternhaus
- Mitglied des „Neuen Clubs", um aufzubegehren

Georg Trakl
- schwierige familiäre Verhältnisse
- Depressionen und Drogenexzesse

Eine der exzentrischsten Persönlichkeiten des Expressionismus war die Dichterin Else Lasker-Schüler, die mit Ringen und extravaganten Gewändern auffiel. Mit dem siebzehn Jahre jüngeren Gottfried Benn, dem sie den Spitznamen „Giselher" gab, verband sie eine intensive Freundschaft, viele vermuten dahinter eine Liebesbeziehung. Benn bezeichnete seine Freundin nach ihrem Tod als „Deutschlands größte Dichterin".

Gottfried Benn

- * 2. Mai 1886 in Mansfeld/Brandenburg; † 7. Juli 1956 in Berlin an Knochenkrebs
- **Sohn eines strengen, protestantischen Pfarrers**, der ihm verbot, seine an Krebs erkrankte Mutter zu behandeln, da ihre Schmerzen gottgewollt seien → wichtiges Thema in seinem Werk: **Generationenkonflikt**
- Studium der Theologie (Wunsch des Vaters), Philologie und Medizin an militärärztlicher Akademie → praktizierender **Arzt**, u. a. in **Psychiatrie und Pathologie** → Entwicklung seines präzisen Beschreibungsstils → Eindrücke fanden **starken Niederschlag in Gedichten**
- 1912: erster **Gedichtband *Morgue und andere Gedichte*** → Skandal und früher Ruhm als Expressionist, später Gedichte mit sanfterem und traditionellerem Ton
- Erster Weltkrieg: **Militärarzt**, u. a. in Krankenhaus für Prostituierte
- **ambivalentes Verhältnis zum Nationalsozialismus:** zuerst **Loyalitätsbekundung**, später kritisch-distanziertes Verhältnis → Militärarzt bei der Wehrmacht, aber Ausschluss aus Reichsschrifttumskammer und **Schreibverbot**
- rasanter Aufstieg in frühen Jahren der Bundesrepublik und Gewinner renommierter Literaturpreise; weiterhin praktizierender Arzt
- **Auswahl bekannter Gedichte** (1912): *Nachtcafé, Schöne Jugend, Kleine Aster*

Georg Heym

- * 30. Oktober 1887 in Hirschberg/Niederschlesien; † 16. Januar 1912 in Berlin beim Schlittschuhlaufen auf der Havel, als er einen ins Eis eingebrochenen Freund retten wollte
- **problematisches Verhältnis zum bürgerlich-konservativen Elternhaus**
- ab 1907: **Jurastudium** in Würzburg, Berlin und Jena, zu dem er sich vom Vater genötigt sah → Scheitern bei Ableistung des Vorbereitungsdienstes → Bemühen um Beitritt zum Militär
- 1909/10: Beitritt zum „**Neuen Club**" (Vereinigung junger, aufbegehrender Künstler) → Fülle meist **negativer Metaphern** und Visionen einer von **Katastrophen** heimgesuchten Welt → Heym als „Prophet" des Ersten Weltkriegs
- **Auswahl bekannter Gedichte** (1911): *Der Gott der Stadt, Der Krieg, Die Stadt*

Georg Trakl

- * 3. Februar 1887 in Salzburg; † 4. November 1914 in Krakau (wahrscheinlich durch Selbstmord)
- Herkunft aus gehobenem Bürgertum: **schwierige familiäre Verhältnisse**, v. a. zu drogenabhängiger Mutter → bereits als Kind erste Selbstmordversuche
- sehr enge, eventuell sogar **inzestuöse Beziehung zur jüngeren Schwester Margarethe** → zahlreiche Bezugnahmen auf sie in seinen Gedichten
- 1904: erste literarische Versuche im Salzburger Dichterzirkel „Apollo" (später „Minerva")
- 1905: Beendigung der Schullaufbahn ohne Matura; erste **Experimente mit Drogen** → Ausbildung zum **Apotheker** und anschließend **Pharmaziestudium** → leichte Erreichbarkeit von Rauschmitteln
- 1910: Militärdienst bei Sanitätsabteilung → Verstärkung von **Depressionen und Drogenexzessen**, aber auch dichterischer Durchbruch mit reifer, schwermütiger Lyrik
- zunehmende **Angstzustände** und Depressionen → zeitweise panische Angst vor fremden Menschen, schwankend zwischen Euphorie und Betäubung
- **Kennzeichen seiner Lyrik:** Herbststimmung, Farbsymbolik, Traum, Vergänglichkeit und Tod, teilweise chiffrenhafte Verschlüsselung
- 1914: freiwillige Meldung als **Militärapotheker** und Miterleben der Schlacht bei Gródek → **Nervenzusammenbruch** und **Selbstmordversuche** → Tod durch **Überdosis Kokain**
- **Auswahl bekannter Gedichte:** *Verfall* (1909), *Im Winter* (1910), *Grodek* (1914)

Jakob von Hoddis

- * 16. Mai 1887 in Berlin; 30. April 1942 Deportation, † Todesdatum und -ort unbekannt
- jüdischer Abstammung; Zwillingsbruder bei Geburt gestorben; **schwieriges Verhältnis zum kokainabhängigen Vater**; sehr enge, romantisierte Beziehung zur Mutter
- 1905: Verlassen des Gymnasiums wegen **Problemen mit Autoritäten** → nachgeholtes Abitur
- 1906/07: **Architekturstudium**, nach Abbruch Studium der **Klassischen Philologie** in Jena und Berlin (1911: Zwangsexmatrikulation wegen Faulheit)
- 1909: Gründung des literarischen Zirkels **„Neuer Club"** in Berlin als Kritik am herkömmlichen Kulturbetrieb und zur **Förderung einer neuen, progressiven Kultur** → Organisation von literarischen Abenden
- 1911: Veröffentlichung des besonders bekannten Gedichts ***Weltende*** (gilt vielen als **Beginn der expressionistischen Lyrik**) → Veröffentlichung vieler weiterer Gedichte in expressionistischen Zeitschriften *Die Aktion* und *Der Sturm*
- 1912: Umzug nach München und Hinwendung zum Katholizismus; erste Hinweise auf beginnende **Schizophrenie** → ab 1912 immer wieder **Internierungen in Nervenheilanstalten**
- ab 1915 in ständiger ärztlicher Behandlung und privater Pflege → 1926: **Entmündigung** und ein Jahr später Einweisung in Privatklinik für Gemüts- und Nervenkranke
- 1933: Verlegung in „Israelitische Heil- und Pflegeanstalten" bei Koblenz, wo jüdische Psychiatriepatienten konzentriert wurden → April 1942: **Deportation nach Polen** und kurz darauf **Ermordung** (wahrscheinlich in einem der Vernichtungslager Sobibór, Chelmno oder Belzec)
- **Auswahl bekannter Gedichte:** *Weltende* (1911), *Nachtgesang* (1911), *Mittag* (1913)

Auf einen Blick

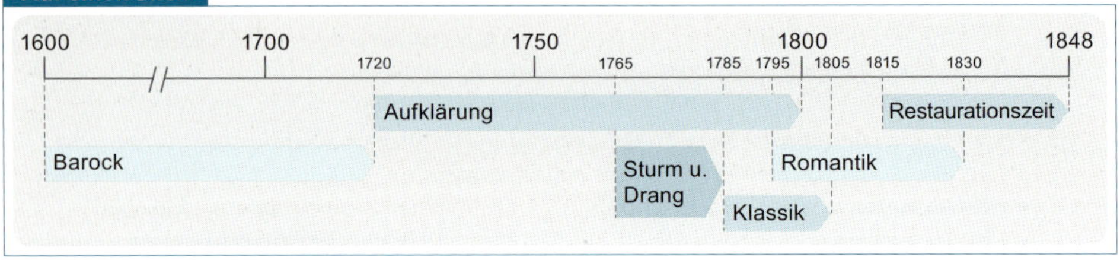

Barock (ca. 1600–1720)

- **Hintergründe:** Entwicklung der modernen Wissenschaften; Aufblühen des Humanismus; Absolutismus mit extremen sozialen Spannungen; große Religiosität und Religionskonflikte; **Dreißigjähriger Krieg** mit verheerenden Auswirkungen
- **Vanitas** (lat. leerer Schein, Nichtigkeit, Eitelkeit) als Zentralmotiv → **Memento mori** (lat. Gedenke des Todes): Abkehr von der Welt / Konzentration auf das Jenseits oder **Carpe diem** (lat. Genieße den Tag): Genuss des flüchtigen Moments → Streben nach Ordnung in Form und Inhalt
- starkes Formbewusstsein, **Dominanz geregelter Formen** (z. B. **Sonett** mit Alexandriner, um antithetisches Denken auszudrücken); **Regelpoetik:** poetisches Schreiben ausgehend von Regeln
- Lyrik als dominierende Gattung, aber auch Drama (Tragödien mit mythologischen Stoffen) und Epik (v. a. Schäfer- und Schelmenroman)
- vorherrschende Themen: **Krieg**, **Tod**, **Vergänglichkeit**, Religion und Scheinwelt

Aufklärung (ca. 1720–1800)

- **Hintergründe:** (aufgeklärter) Absolutismus; Säkularisierung und Deismus (rationaler Zugang zu Gott); Aufstieg des Bürgertums
- Orientierung an der menschlichen **Vernunft** → distanziertes Verhältnis zu Emotionen → **Empfindsamkeit** mit Aufwertung des Gefühls **als Gegenbewegung**
- **autonomes Individuum** mit Menschenrechten im Zentrum → **Toleranz** als zentraler Wert
- Themen: Ständekritik, Toleranz, Bildung, **Humanität**, **Erkenntnisfähigkeit** des Menschen
- Stilideal der Klarheit und Verständlichkeit
- **lehrhafte Kurzformen** der fiktionalen Literatur: Fabel, Parabel, Lehrgedicht, Epigramm, Ode und Fortsetzungsroman → Literatur soll nützlich sein

Sturm und Drang (ca. 1765–1785)

- **Hintergründe:** große soziale Ungerechtigkeit; absolutistische Machtpolitik und Fürstenwillkür → Aufbegehren der jungen Generation
- **starker Subjektivismus** mit Mensch als erlebendem und empfindendem Subjekt im Mittelpunkt → **Gefühlskult und Aufbruchsstimmung**
- Aufwertung der Emotionalität als **Gegenbewegung zum Rationalismus der Aufklärung**
- jugendliche **Protestbewegung**, die Fürstenwillkür, soziale Ungleichheit, materielle Not und rigide Moralvorstellungen anprangert
- Autonomie des Künstlers und seines Kunstwerkes → **Geniekult**, **Schöpfergedanke**
- Abkehr von Regelpoetiken → **Leidenschaftlichkeit der Sprache:** Ausrufe, Hyperbeln, Metaphern, Kraftausdrücke und Neologismen

- Themen: **Herz**, Natur, Freundschaft, **Liebe, Freiheit**, politischer Widerstand, Gerechtigkeit
- **Erlebnislyrik:** Wiedergabe der unmittelbaren Empfindungen des lyrischen Ich in freien Rhythmen, reimlosen Versen und hohem Pathos, aber auch in Einfachheit des Volkslieds
- freiere Formen (z. B. offenes Drama), Briefroman zur Ausgestaltung individuellen Erlebens

Klassik (ca. 1786–1805)

- **Hintergründe:** Französische Revolution mit Terrorherrschaft; „Musenhof" unter Herzogin Anna Amalia in **Weimar** (Zusammenarbeit von **Goethe und Schiller**)
- Leitgedanken: **Harmonie**, Ausgleich der Gegensätze, **Würde, Humanität**, Toleranz, Selbstbestimmung, Beherrschung und Mäßigung (*Edle Einfalt, stille Größe*)
- **Ideal des Guten, Wahren und Schönen** → Forderung nach ethischer Vervollkommnung durch Orientierung an der Antike → **Erziehung des Menschen** als Aufgabe der Kunst
- überzeitliches **Humanitätsideal** → historische Umstände, Alltagssprache oder politisches Ideal spielen keine Rolle → Vorwurf an Klassik, bestehende Verhältnisse zu stützen
- Themen: Humanität, Freiheitsidee, Harmonie von Pflicht und Neigung
- Ideal der **Formstrenge:** harmonische Verbindung von Inhalt, Sprache und Aufbau
- Lyrik: klassische Formen (z. B. Elegien und Epigramme), Drama: metrisch gebundene Sprache, hoher Stil, geschlossene Form, historische/antike Stoffe, Epik: Bildungsroman

Romantik (ca. 1795–1830)

- **Hintergründe:** Französische Revolution mit Terrorherrschaft; zunehmendes Nationalbewusstsein durch Kriege gegen Napoleon
- Idee der Abhängigkeit des Menschen von einem Absoluten oder Unendlichen → Wiederannäherung an religiöse Denkformen → Poesie als Medium des Absoluten (**Universalpoesie**, in der alle Gattungen und Künste vereint sind) → Streben nach **Gesamtkunstwerk**
- Blick nach innen → **„Blaue Blume"** als Symbol für metaphysische **Sehnsucht nach dem Fernen und Unerreichbaren** sowie den eigentlichen Seinszusammenhängen
- Themen und Motive: Natur als Bereich des Unendlichen, **Sehnsucht, Traum, Wahnsinn**, Entgrenzung, Einsamkeit, Vergänglichkeit, Reisen, Wandern, Nacht, Fantastisches
- Idealisierung des Mittelalters und aufkommendes Nationalbewusstsein → Interesse an Volksdichtung, z. B. **Volkslied, Märchen** → leichte Verständlichkeit, Wohlklang, „musikalische" Sprache
- Anschreiben **gegen Philistertum und Bürgerlichkeit**
- **„romantische Ironie":** Aufzeigen der Unerreichbarkeit des Absoluten durch Texte, die sich selbst und ihre Entstehungsbedingungen reflektieren oder kommentieren
- Roman als universale Form, in der Lyrik enthalten ist (kaum Dramen)

Restaurationszeit (ca. 1815–1848)

- Hintergründe: Wiener Kongress 1815 und Restaurationspolitik; **Märzrevolution** 1848 – zunehmende Einschränkung der Freiheit, Zensur → verschiedene Strömungen: **Biedermeier** (Resignation, Rückzug ins Private), **Vormärz** und **Junges Deutschland** (politisches Aufbegehren)
- rationale Haltung und Orientierung an Fakten → Abkehr von der Romantik
- Themen des Biedermeier: **Familie, Ordnung, Beschaulichkeit**, Idylle → **heile poetische Welt**
- Themen des Vormärz, des Jungen Deutschlands: **soziale und politische Missstände** → **Kampf gegen soziales Elend und Unterdrückung** als Aufgabe der Literatur
- Veröffentlichungen in Zeitungen und Zeitschriften → vorwiegend kleinere literarische Formen

Auf einen Blick

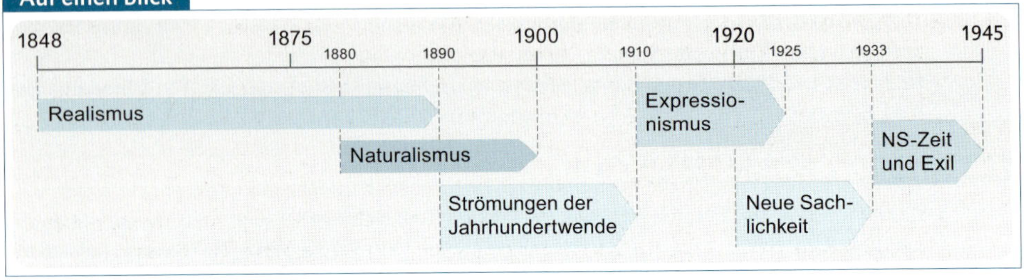

Realismus (ca. 1848–1890)

- Hintergründe: Scheitern der Revolution von 1848; Gründung des Deutschen Kaiserreichs 1871 → preußischer Militarismus; Bürgertum als führende Schicht; Verschärfung der Sozialen Frage durch Industrialisierung; Verstädterung → **Orientierungslosigkeit** durch Verlust von Normen
- **„objektive" Darstellung** der unmittelbaren Lebenswelt, aber **Ausklammerung des Hässlichen/Niederen** sowie der Sozialen Frage → **Poetisierung** der Wirklichkeit
- Bürgertum als tragende Schicht → Darstellung **bürgerlichen Milieus und Ideale,** aber auch **historische Stoffe** mit überzeitlichem Geltungsanspruch → Streben nach Nationalliteratur
- Themen: Liebe, Vergänglichkeit, Heimat, Naturerleben
- Entstehung eines Literaturmarktes → Verbreiterung der Leserschaft → **Unterhaltungsliteratur**
- Roman und Novelle als zentrale Gattungen; in der Lyrik v. a. Balladen
- Stil: gewählte, **neutrale Sprache; Humor und Ironie**

Naturalismus (ca. 1880–1900)

- Hintergründe: **Milieutheorie = Mensch als Produkt der ihn umgebenden Verhältnisse:** Vererbung, Milieu, historische Umstände; **Industrialisierung und Proletarisierung** → Verschärfung der Sozialen Frage, Anwachsen der Großstädte zu Metropolen
- **radikalisierter, konsequenter Realismus** mit Wegfall der verklärenden Poetisierung → Blick auf **hässliche Wirklichkeit sozialen Elends** und Kritik an sozialen Verhältnissen
- „Kunst = Natur – X" (A. Holz): **möglichst Entsprechung von Kunst und Natur**, Faktor X (Autor und seine Subjektivität) soll möglichst klein sein
- Themen: **Armenmilieus, Familienprobleme** unterer Schichten, **Doppelmoral, Großstadt,** dunkle und hässliche Seiten des Lebens, Kriminalität, Geisteskrankheit, Alkoholismus
- **sozialkritisches Drama** als bedeutendste Gattung
- präzises Beobachten, **Sekundenstil** (Erzählzeit = erzählter Zeit), natürliche Sprache (z. B. Dialekt)

Strömungen der Jahrhundertwende (ca. 1890–1910)

- Hintergründe: Infragestellen der Selbstbestimmtheit des Menschen durch die **Psychoanalyse**; starrer Wilhelminismus → Entstehung eines grundlegenden **Krisenbewusstseins** → Strömungen des **Impressionismus und Symbolismus** als Weg nach innen mit quasireligiöser Aufladung
- Idee einer reinen, sich selbst genügenden Kunst („l'art pour l'art") als **Gegenströmung zum Naturalismus** → **keine politische Funktion der Kunst**, sondern Flucht in eine Gegenwelt
- Träger: großbürgerliche Bohème, die sich in Kaffeehäusern selbst feiert
- **Impressionismus:** Wiedergabe eines subjektiven Sinneseindrucks mit höchster Intensität

- **Symbolismus:** Absolutheitsanspruch der Kunst, gegen Abbildungsfunktion der Kunst gerichtet
- Themen: **Abgrenzung zum naturalistischen Erfassen** der Realität, Besinnung auf das „Ich", Individualität, Subjektivität, Sprache, Kultur, Vergänglichkeit
- kürzere, zum Teil auch experimentelle Formen; **symbolische Verdichtung**, **Verfeinerung der Sprache**, Auflösung traditioneller Formen, **Bewusstseinsstrom**, innerer Monolog, erlebte Rede

Expressionismus (ca. 1910–1925)

- Hintergründe: **Verstädterung** und Anonymisierung, technischer Fortschritt, erstarrte wilhelminische Gesellschaft → verschärftes Krisenbewusstsein, **Sinnkrise**, Erster Weltkrieg
- Pathos des Aufbruchs und unbedingter Wille zum **Ausdruck des Erlebens**
- Bedrohung des Subjekts durch **Ich-Zerfall** → Darstellung des Körpers in Verfallszuständen
- pathetische **Beschwörung eines neuen Menschen**, der Liebe und Verbrüderung lebt (**„O-Mensch!"-Expressionismus**)
- **Großstadt** (v. a. Berlin) als Ort der Reizüberflutung, Orientierungslosigkeit und Anonymität
- Erfahrung der Verhältnisse des Kaiserreichs als verkrustet → **Kriegsbegeisterung** bei einigen Autoren – nach Kriegserfahrung häufig **Pazifismus** und Verarbeitung der Erlebnisse
- Themen: Lebens- und Vitalkult, **Krieg** und Pazifismus, **Weltende und Apokalypse**, Krise des Ich, Tabus (Ästhetik des Hässlichen: Geisteskrankheit, Prostitution, Verbrechen), **Großstadt**
- **Lyrik** als präsenteste Gattung → **Reihungsstil**, elliptische Konstruktionen, Neologismen, Farbmetaphorik, Auflösung syntaktischer Regeln, Verdinglichung
- Dramatik: **Stationendrama** (lose Szenenfolge), **Wandlungsdrama** (Wandlung eines Einzelnen)

Neue Sachlichkeit (ca. 1920–1933)

- Hintergründe: von vielen abgelehnte Weimarer Republik; wirtschaftliche Schwierigkeiten aufgrund von Reparationslasten; „Goldene Zwanziger" mit kultureller Vielfalt
- dezidierte **Abkehr vom Expressionismus** und Hinwendung zur **Lebensrealität** mit ihren sozialen und wirtschaftlichen Verhältnissen und zum **sachlich-nüchternen Schreiben**
- Bewusstsein von Desillusionierung und Übergang in eine neue Zeit (Schwellenzeit-Gefühl)
- Themen: Großstadt, Verarbeitung des Kriegs, **Probleme der „kleinen Leute"**, Alltagsleben
- **Gesellschafts- und Zeitromane**, Dokumentartheater und **Episches Theater**
- Mischung von **journalistischen, dokumentarischen und literarischen Anteilen** → kühl-distanzierte, **einfache, verständliche Sprache**

NS-Zeit und Exil (1933–1945)

- Hintergründe: **nationalsozialistische Herrschaft** mit totalitärer Durchdringung des gesamten Lebens → **„Gleichschaltung"** der Kunst und Literatur durch Bücherverbrennung, Verfolgung und Zensur; **Zweiter Weltkrieg**, Erfahrung des Exils → Freitod zahlreicher Autoren
- **NS-Literatur:** regimekonform; **Gestaltung ideologischer Motive** wie Rasse, Führertum, Deutschtum, Kampf, Gewalt, Blut-und-Boden-Ideologie → stereotype Metaphern
- **innere Emigration: getarntes Schreiben** als geistige Opposition gegen Ungeist des NS-Regimes → gehobene, oft verschlüsselte Sprache; Schreiben in europäisch-humanistischer Tradition
- **Exilliteratur:** Humanität, Opposition zur NS-Ideologie, Zeigen des „anderen" Deutschlands
- Roman vorherrschende Gattung (Reflexion der eigenen Situation), Drama nur Nebenrolle (Ausnahme: Bertolt Brecht), Verarbeitung der emotionalen Situation in der Lyrik
- Abkehr vom Stil des Expressionismus → Bevorzugung traditioneller Formen

Auf einen Blick

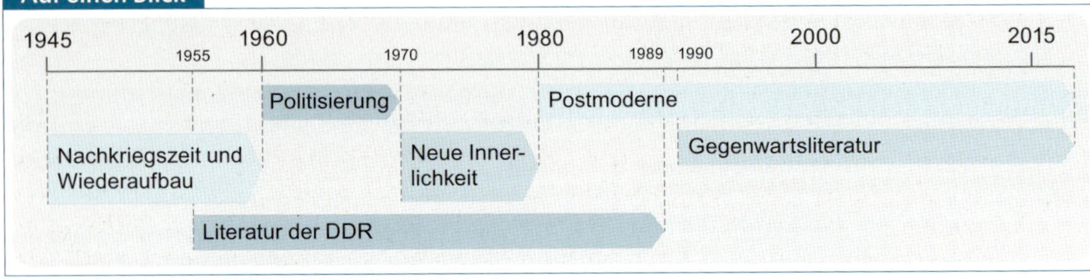

Literatur der Nachkriegszeit und des Wiederaufbaus (1945 – ca. 1960)

- Hintergründe: Ende des Zweiten Weltkriegs; **Welt in Trümmern**; „Stunde Null"; Aufteilung Deutschlands in vier Besatzungszonen; **Wiederaufbau**; Gründung der Bundesrepublik und der DDR; „Kalter Krieg"; Wirtschaftswunder; Scham, Schuld, Verdrängung angesichts der NS-Zeit
- **„Trümmerliteratur":** Betonung der Traumatisierung durch Krieg und Zerstörung
- **„Literatur des Kahlschlags":** Betonung des Neubeginns wegen Belastung der Sprache durch Missbrauch im NS-System → Frage, inwieweit Dichtung nach NS-Verbrechen noch möglich ist
- Themen: Schrecken des Kriegs, **Heimkehr**, Orientierungslosigkeit, Schuld, Scham, Klage und Anklage, Versuch der **Aufarbeitung der Vergangenheit**
- Aufkommen der **Kurzgeschichte**, zeitkritische Dramen, oft hermetische Lyrik mit schwer verständlichen Chiffren oder konkrete Poesie als sprachexperimentelle Lyrik
- Stilideal der **Nüchternheit**, Verzicht auf Pathos → **schmucklos-karge Sprache**, indirekte Ausdrucksformen (Parabeln, Chiffren, Gleichnisse)

Politisierung der Literatur (1960er-Jahre)

- Hintergründe: existenzielle Bedrohung durch „Kalten Krieg" → **Angst vor einem Atomkrieg**; Vietnamkrieg → Distanzierung von den USA; Große Koalition → Entstehung der **APO** → **68er-Bewegung** als Protestbewegung mit antiautoritären und pazifistischen Zielen
- Diskussionen über Verhältnis von Literatur und Politik → Gesellschafts- und Zeitkritik als Aufgabe der Literatur → **Politisierung der Literatur**
- Themen: **gesellschaftspolitische und soziale Probleme**, **Kritik an Verdrängung der NS-Vergangenheit**, Frage nach Rolle der Eltern im NS-Staat, deutsche Teilung
- politischer Zeitroman, **Dokumentartheater**, **politische Lyrik** und experimentelle Gedichte
- Forderung von Verständlichkeit und Abkehr von jeglichen Ideologien → teilweise Auflösung der Grenzen zwischen literarischen und nicht-literarischen Formen

Neue Innerlichkeit/Neue Subjektivität (1970er-Jahre)

- Hintergründe: Rückzug vom Politischen vs. Radikalisierung (**RAF**-Terror); Entstehung der **Frauenbewegung**; Entspannung im Ost-West-Konflikt (Ostpolitik Brandts, KSZE-Schlussakte)
- **Resignation und Identitätssuche** → Aufwertung des Individuums und seiner Subjektivität → **Neue Subjektivität/Neue Innerlichkeit:** Gestaltung subjektiver Wirklichkeit und Verarbeitung innerer Erfahrung → Tendenz zu **autobiografischer Bekenntnisliteratur**
- gesellschaftskritische **feministische Literatur** mit Infragestellung traditioneller Rollenbilder
- Themen: **Selbstfindung**, **Selbsterfahrung und Innenschau**, Alltag und Beziehungen, Erleben des Einzelnen im Spannungsfeld zur Gesellschaft, Gewaltstrukturen im Geschlechterverhältnis

- Lyrik und Epik als bevorzugte Gattungen zur Darstellung von Innerlichkeit
- Streben nach **Authentizität:** Tendenz zu sprachlicher Kunstlosigkeit und Umgangssprache, zugleich emotionale und subjektive Sprache

Postmoderne (Strömung der 1980er-Jahre bis heute)

- Hintergründe: **Ökologie** als neues Thema in der Politik; allmähliche Liberalisierung des Ostblocks durch Gorbatschow; atomare, ökologische, soziale Katastrophen → neues **Krisenbewusstsein**
- zunehmende **Vielgestaltigkeit der Literatur** und Fortwirken der Tendenzen der 1970er-Jahre
- Nebeneinander verschiedener „Literaturen“: Jugendliteratur, Trivialliteratur, experimentelle Literatur, gesellschaftskritische Literatur
- Annahme der Beliebigkeit von Wirklichkeit → **Infragestellen von Ideologien und Werten**
- **Konstruktivismus:** Wahrheit als gesellschaftliches Konstrukt → Pluralität von Sinnentwürfen
- Aufwertung der **Unterhaltsamkeit von Literatur** → Öffnung hin zu „Trivialgattungen“ wie Schauerroman oder Kriminalroman
- Roman als bevorzugte Gattung → zahlreiche **intertextuelle Bezüge**
- Nebeneinander und **Montage verschiedener Stile und Formen**, Vorliebe für **Ironie**

Literatur der DDR (1950–1989)

- Hintergründe: Gründung der **DDR** als Teil des totalitär regierten, sozialistischen Machtblocks unter der Herrschaft der Sowjetunion; Abschottung gegenüber dem Westen; **Stasi** → Kontrolle und **Zensur**; ab 1985 Stärkung der Bürgerrechtsbewegung; 1989 friedliche Revolution/Mauerfall
- staatlich verordnete Strömung des **Sozialistischen Realismus:** antifaschistisch, antikapitalistisch, arbeiternah → Ideal des selbstlosen und leistungsbereiten Arbeiters für das Gemeinwohl
- staatlich verordnete **Aufbauliteratur** der 1950er-Jahre: Überlegenheit des Sozialismus gegenüber Faschismus/Imperialismus
- **„Bitterfelder Weg“:** Arbeiter als Schriftsteller und Schriftsteller als Arbeiter → **Idealisierung des Arbeiters** in der Literatur
- staatlich kontrollierte **Ankunftsliteratur** der 1960er-Jahre: Einrichten im Sozialismus
- **nicht systemkonforme Literatur:** subversive Aussagen, die durch Anspielungen, Verschlüsselungen und Verlegungen des Stoffs in den Mythos an Zensur vorbeikommen
- Epik und Lyrik als zentrale Gattungen; Liedtexte als kritische Ausdrucksform

Tendenzen der Gegenwartsliteratur (1990 – heute)

- Hintergründe: Wiedervereinigung 1990; Vormarsch **digitaler Massenmedien** (Internet, Smartphones, E-Books, soziale Netzwerke); islamistische Terroranschläge und Kampf gegen den Terror; **Globalisierung**; Flüchtlingsproblematik; Umgang mit Daten
- **Pluralismus:** gleichberechtigtes Nebeneinander verschiedener Menschenbilder und Kulturen → Herausforderung für Literatur, komplexer werdende Welt zu verarbeiten
- **Vermarktbarkeit** als zentrales Kriterium für Literatur → zunehmende Produktion von **Unterhaltungsliteratur** bzw. von Übersetzungen aus dem Ausland
- Themen: **Identität des Einzelnen** in globalisierter Welt, Auseinandersetzung mit DDR (**Wendeliteratur**), provokante Selbstinszenierung junger Schriftsteller und Aufgreifen von Alltagsthemen (**Popliteratur**), Fremdheitserfahrung (**interkulturelle Literatur**), biografisches Schreiben
- Roman als vorherrschende Textform
- facettenreiche Sprache, die z. T. an Ausdruckskraft verliert (→ Ausrichtung auf breites Publikum)

Sachtexte

Essay

- geistreiche und sprachlich anspruchsvolle Abhandlung zu einem Thema aus z. B. Wissenschaft, Politik, Gesellschaft, Literatur, Religion (auch: Gedankenspaziergang vor den Augen des Lesers)
- ausgehend von konkreter Fragestellung werden in freier, oft unsystematischer Form Pro- und Kontrapositionen rhetorisch geschickt dargestellt, wobei persönliche Ansichten und Erlebnisse im Vordergrund stehen können
- gekennzeichnet durch Leichtigkeit, Unbefangenheit und stilistische Virtuosität, oft Verzicht auf objektive Nachweise und definitive Antworten

Glosse

- zugespitzte, wertende Anmerkung zu tagesaktuellem Thema mit abschließender Pointe
- satirische Form des Kommentars, oft zahlreiche rhetorische Mittel (z. B. Hyperbel, Ironie)

Interview

- Wiedergabe eines Frage-Antwort-Gesprächs zwischen Journalist und einer oder mehreren Personen (meist des öffentlichen Lebens, d. h. aus Film/Fernsehen, Politik, Sport usw.)
- Ziel ist z. B. Klärung eines strittigen Sachverhalts, Vorstellung einer Person, Meinungsäußerung

Kommentar

- subjektiv wertender Meinungsbeitrag zu aktuellem bzw. allgemein bekanntem Thema
- Autor (immer namentlich genannt) legt persönlichen Standpunkt sprachlich geschickt dar, versucht Leser argumentativ zu überzeugen, teils ironisch-spöttischer Stil
- beginnt meist mit Hintergrunderläuterungen zum Thema und endet mit Fazit bzw. Appell

Rede

- öffentlicher Vortrag (basierend auf schriftlichem Konzept) zu einem gesellschaftlichen, privaten oder geschäftlichen Thema, oft mit dem Ziel, Zuhörer von den eigenen Ansichten zu überzeugen
- geschickter Einsatz rhetorischer Mittel und Adressatenbezug durch direkte Ansprache

Rezension

- anschaulich und präzise formulierte Zusammenfassung und persönliche Bewertung eines Buchs, einer Theaterinszenierung oder eines Films
- Ziel: Leser informieren und ggf. Empfehlung abgeben

Epik

Fabel

- unterhaltsame Erzählung von geringem Umfang mit lehrhafter Schlusspointe
- die Handelnden sind Tiere, die für menschliche Eigenschaften stehen (z. B. Biber → Fleiß)
- endet in der Regel mit „Moral“ = Lehre für den Menschen

Kurzgeschichte

- Geschichte, die in einem Zug zu lesen ist (< 20 Seiten)
- handelt meist von alltäglichen Begebenheiten, die eine überraschende Wendung nehmen
- wenige Figuren, oftmals „Typen“ (keine Namen, übertragbar)
- in der Regel nur ein Handlungsstrang, umfasst relativ kurze Zeitspanne, kein Ortswechsel
- beginnt mit unmittelbarem Einstieg, keine Vorstellung der Figuren, rascher Handlungsverlauf (→ Höhepunkt), endet offen (d. h. mehrere Ausgänge der Handlung denkbar)

Märchen

- Ort und Zeit unbestimmt, formelhafte Sprache *(Es war einmal ...)*
- Figuren/Verhalten in „gut" und „böse" einteilbar, das Gute gewinnt → belehrender Charakter
- Gegenstände und Figuren aus mittelalterlicher Gesellschaft *(Königssohn)* oder magischer Welt *(Zauberspiegel)*, übernatürliches Geschehen *(Hexerei)*, oft magische Zahlen *(3, 7, 12)*

Novelle

- Erzählung mittlerer Länge, in deren Mittelpunkt ein außergewöhnliches Ereignis steht
- Handlung in der Regel einsträngig mit Höhe-/Wendepunkt und geschlossenem Ende
- oft Leitmotive oder wiederkehrende Dingsymbole, Einfluss des Zufalls auf Schicksal der Figuren

Roman

- Erzählung von großem Umfang mit zahlreichen komplexen Figuren und Handlungsverläufen
- oft psychologisch ausgestaltete Hauptfigur
- zahlreiche Genres: Kriminalroman, Liebesroman, Abenteuerroman, Fantasyroman usw.

Dramatik

Komödie

- unterhaltsames, humorvolles Theaterstück, oftmals mit klassischem Aufbau (fünf Akte)
- Protagonisten geraten aufgrund ihrer Schwächen in Konflikt, der sich immer weiter verschärft
- endet mit glücklicher Auflösung des Konflikts, in der Regel gewinnen die „Guten"

Tragödie

- tragisches, emotional bewegendes Theaterstück, oft mit klassischem Aufbau (fünf Akte)
- Protagonisten geraten durch schicksalhafte Fügungen (z. B. Verlieben in die „falsche Person") oder menschliche Fehltritte in schwerwiegenden Konflikt
- endet meist mit dem dramatischen Tod des Helden/der Heldin und weiterer Figuren

Lyrik

Ballade

- Gedicht, in dem auf anschauliche, lebendige Weise eine Geschichte erzählt wird (Erzählgedicht)
- formal: Strophen, Verse, Reime, Metrum; sprachlich: oft wörtliche Rede; inhaltlich: spannender Handlungsverlauf (Themen: z. B. Liebe, Heldentaten) → vereint Lyrik, Epik und Dramatik

Lied

- sangbares Gedicht mit durchgängig der gleichen Strophenform (meist Übereinstimmung der Strophe mit einem Satz)
- alternierende Verse mit Kreuz- oder Paarreim und schlichte, gut verständliche Sprache
- oft unmittelbarer Ausdruck lyrischer Empfindungen bzw. individuellen Erlebens → besondere Beliebtheit in der Romantik

Sonett

- sprachlich und formal kunstvoll gestaltetes Gedicht
- in der Regel strenger Aufbau: zwei Quartette (Strophen aus vier Versen) gefolgt von zwei Terzetten (Strophen aus drei Versen)
- häufig inhaltlicher Gegensatz zwischen Quartetten und Terzetten, letzte Verse oft wie Pointe

Stilmittel	Beispiel
Akkumulation: Anhäufung von Wörtern ohne Nennung eines Oberbegriffs	*Sonne, Mond und Sterne*
Allegorie: systematisierte Metapher, die durch Reflexion erschließbar ist	*Justitia (Gerechtigkeit)*
Alliteration: aufeinanderfolgende Wörter mit gleichem Anlaut	*wunderbare Welt, Kind und Kegel, zehn zahme Ziegen*
Allusion: Anspielung	*Du weißt, was ich meine.*
Anapher: gleicher Anfang aufeinanderfolgender Sätze / Verse	*Gehe nach Hause. Gehe dorthin, so schnell du kannst.*
Anrede: Hinwendung an den Adressaten	*Meine Damen und Herren, …*
Antithese: einander entgegengestellte Begriffe, Bedeutungen oder Gedanken	*Ruhe auf dem Land, Lärm in der Stadt, Himmel und Hölle*
Aphorismus: knapp formulierter Sinnspruch	*Die Zeit heilt alle Wunden.*
Archaismus: veralteter sprachlicher Ausdruck	*Seid gegrüßt, holde Maid!*
Assonanz: vokalischer Gleichklang	*sobald, Obacht, Wohlklang*
Asyndeton: Reihung ohne Konjunktionen	*Er kam, sah, siegte.*
Chiasmus: Überkreuzstellung	*Der Einsatz war groß, klein war der Gewinn.*
Chiffre: Zeichen, dessen Inhalt rätselhaft und letztlich nicht zu erfassen ist	*Purpurne Seuche, Hunger, der grüne Augen zerbricht.*
Diminutiv: Verkleinerungsform	*Blümlein, Mäuschen*
Ellipse: unvollständiger Satz, fehlende Satzteile	*Je früher, desto besser.*
Enjambement: Satz greift auf nächsten Vers über	*Die Wolken fliegen / über das weite Land.*
Epipher: gleiches Ende aufeinanderfolgender Sätze / Verse	*Alle lieben den Hund. Die Nachbarn reden nur noch über diesen struppigen Hund.*
Euphemismus: beschönigende Umschreibung, Untertreibung	*Wir müssen Personal abbauen.* (anstatt: *Wir müssen unseren Mitarbeitern kündigen.*)
Exclamatio: Ausruf	*Hoch soll er leben!*
Geminatio: unmittelbare Wiederholung eines Wortes oder Satzteils	*Geh, geh!*
Hyperbel: sehr starke Übertreibung	*Ich warte hier schon drei Millionen Jahre auf dich.*
Inversion: Abweichung von normaler Satzstellung	*Am Straßenrand eine seltene Pflanze ich sah.*
Ironie: versteckter Spott, gemeint ist das Gegenteil von dem, was geschrieben bzw. gesagt wird	*Du bist mir ja ein Superhirn!* (anstatt: *Das war dämlich von dir.*)

Stilmittel	Beispiel
Klimax: (meist dreischrittige) Steigerung	*Sie kicherten, lachten, grölten.*
Lautmalerei: Nachahmung eines (Natur-)Lautes	*Klingeling, Kikeriki, Ticktack*
Litotes: Bejahung durch doppelte Verneinung	*Die Schüler sind nicht unwillig.*
Metapher: bildhafter Ausdruck mit übertragener Bedeutung, Vergleich ohne Vergleichspartikel	*Du bist die Sonne meines Lebens. Dein Haar ist flüssiges Gold. Wir stehen am Fuß des Berges.*
Metonymie: Verwendung eines Ausdrucks in übertragener Bedeutung (Gesagtes und Gemeintes stammen aus demselben Wirklichkeitsbereich)	*Deutschland jubelt, Kafka lesen, eine Tasse trinken*
Neologismus: Wortneuschöpfung	*Himmelsengelsstimme*
Oxymoron: Kombination aus Wörtern, die sich widersprechen	*bittersüß, alter Knabe, Hallenfreibad, Eile mit Weile*
Paradoxon: inhaltlich unlogische und widersinnige Aussage, meist in Form eines ganzen Satzes	*Der Schmerz des Verlusts erfüllte sein Herz mit Freude.*
Parallelismus: aufeinanderfolgende Sätze oder Satzteile mit gleichem Satzbau	*Nina traf Nils im Park. Max besuchte Tatjana im Café.*
Parenthese: Einschub	*Dieses Buch – ich möchte ehrlich sein – hat mir nicht gefallen.*
Periphrase: Umschreibung eines Begriffs	*„der Gefallene“* für *„Sünder“*
Personifikation: Gegenständen oder abstrakten Begriffen werden menschliche Fähigkeiten / Eigenschaften zugeschrieben	*Der Wind spielte mit ihrem Haar und streichelte ihre Wange.*
Pleonasmus: Häufung sinngleicher Wörter	*Sie ist brav, nett, lieb.*
Polysyndeton: Verbindung zwischen Wörtern und Satzteilen durch mehrmalige Wiederholung derselben Konjunktion	*Und es wallet und siedet und brauset und zischt.*
Rhetorische Frage: Scheinfrage, erwartet keine Antwort	*Wer hat noch nie einen Fehler gemacht? Hast du vollkommen den Verstand verloren?*
Symbol: Sinnbild, das für Abstraktes steht	*rote Rose* (für Liebe), *weiße Taube* (für Frieden)
Synästhesie: Vermischung von Sinnesgebieten	*goldene Töne*
Synekdoche: Ein Teil steht für das Ganze (auch Pars pro toto) oder das Ganze steht für einen Teil (auch Totum pro parte).	*ein Dach über dem Kopf haben, eine Bibliothek lesen*
Vergleich: bildhafter Ausdruck, durch Vergleichswort (*wie, als*) mit Gemeintem verknüpft	*Sie ist leicht wie eine Feder, er ist schwer wie ein Elefant.*

Fit fürs ABI?
Mit unseren ABI-Vorbereitungskursen zur Höchstform auflaufen!
In mehrtägigen Kursen bringen dich unsere Lern-Coaches in DEINE persönliche Bestform:
› Sie zeigen dir, woran DU arbeiten musst.
› Sie helfen dir, DEINEN persönlichen Lern-Trainings-Plan zu erstellen.
› Sie unterstützen DICH mit exklusiven STARK Lernmaterialien, die es nur dort gibt.
› Sie stehen dir für DEINE Fragen zur Verfügung.
stark-plus.de
Bild von © gettyimages.de / Andres Benitez / EyeEm